D1717543

GEORG LOHMEIER
Joseph Baumgartner

STV

Joseph Baumgartner

Biographie eines bayerischen Patrioten
aus Sulzemoos
dargestellt von

GEORG LOHMEIER

Süddeutscher Verlag

Umschlagentwurf: Kurt Müllhofer

ISBN 3-7991-5788-3

© *1974 Süddeutscher Verlag GmbH, München. Alle Rechte vorbehalten.*
Printed in Germany. Schrift: Garamond-Antiqua
Satz und Druck: Süddeutscher Verlag GmbH, München
Bindearbeit: R. Oldenbourg, München

Inhalt

Herkunft

Der Name Baumgartner gibt einem kein Rätsel auf. Seine etymologische Durchsichtigkeit leuchtet einem gleich ein. Es ist der Mann, der in seinem Garten Bäume pflegt. Oder aber er ist ein Bäumchenpflanzer, ein Poschensetzer; oder der Besitzer einer Baumschule. Jedenfalls ist von Garten und von Baum die Rede. Ein freundlicher Name, frisch und nach Waldluft riechend. Die Philologen sagen gar: Baum käme von biegen und bezeichne das Gewächs, das sich im Winde hin und her bewegt.

Baumgarten hießen auch zahllose Weiler und kleine Siedlungen in Bayern: »Bamgarschtn«. Schon in den Monumenta Boica ist in mittelalterlichen Urkunden von Baumgärten die Rede. Der Baumgartner kann also bloß der Mann aus dem Orte Baumgarten sein.

Der ehemalige bayerische Staatsminister für Ernährung, Landwirtschaft und Forsten, Professor Dr. Joseph Baumgartner, stammt aus dem Pfarrdorf Sulzemoos im Landkreis Dachau. Seine Mutter Therese, eine geborene Trinkl, ist 1872 in Sulzemoos als Gütlerstochter auf die Welt gekommen. Der Vater ist der Schneidersohn aus dem Nachbardorf, aus Wiedenzhausen. Er gehört dem Jahrgang 1871 an und hatte viele Geschwister. »In dem Jahr, in dem mein Vater geboren wurde, hat Bismarck in Versailles gerade das Deutsche Kaiserreich ausgerufen und dem souveränen Bayern ein Ende bereitet.«

Die alten kleinen Dorfschneider, die mit Nadel und Zwirn, mit Schere und mit schwerem Bügeleisen – aber noch ohne Nähmaschine – von Hof zu Hof auf die Stör gegangen sind und dort in den Bauernstuben die harten

Lederhosen und schweren Joppen zusammengenäht haben, galten unter den bäuerlichen Handwerkern neben den Schustern, Nahterinnen, Sattlern und den Zimmerleuten halt doch als die feineren, verständig-gewandtesten. Ihre Sinne waren so munter wie ihre unglaublich flinken Hände. Mit ihnen unterhielten sich die Bäuerinnen noch ausgiebiger wie mit den Schustern. Und in der Gunst der Bäuerinnen kamen sie gleich nach den ratschlustigen Nahterinnen. Von den Störleuten wollen die Bäuerinnen Neuigkeiten erfahren, Familiengeheimnisse aus den abgelegensten Einödhöfen. Ob dort besser oder schlechter gekocht wird, ob die Tochter bald unter die Haube käme, Zeit wär's dazu! Ob es bei der jungen Mitterdirn vom Elfingerbauern allerweil noch so heftige Auseinandersetzungen gäb vor dem Kammerfenster, wie man hört? Ob auf dem Balserhof die Ehehalten wirklich so locker gehalten werden, daß sie schier alles sich erlauben dürften? Ob der alte Gänsöder immer noch so rüstig sei und ob der Hofbauer mit dem Roßhuber schon wieder einen Prozeß anfangen möchte? – Die Wißbegierde einer Bäuerin durfte ein geschäftstüchtiger Schneider nicht enttäuschen. Und der Ruf seiner bewährten Verschwiegenheit durfte aber auch nicht aufs Spiel gesetzt werden! »Ja, unser Schneider is a gscheiter, von dem erfahrts alls, aber sagn tuat er nix!« – Der Leumund war wichtig. – Dazu mußte neben der flotten Arbeit ganz unauffällig die Bäuerin ausgehorcht werden. Wir können uns das gar nicht mehr vorstellen, welch diplomatisches Geschick so ein im Haus arbeitender Störhandwerker nötig hatte. Ohne die ungeschminkte Wahrheit zu sagen, durfte da auch nichts erfunden werden.

Und der Verdienst blieb trotzdem miserabel – auch in der Relation der damaligen Zeit. Man hatte die Kost mit am Bauerntisch, aber kaum mehr Taglohn als vier Kreuzer. Nur mit eiserner Sparsamkeit – ein Leben lang, in der Jugend wie im Alter – und mit doppeltem Fleiß konnte einer mühselig sich und seine Familie durchbringen. – Die Schneiderin füttert daheim noch eine Kuh, und die Kinder kommen früh als Dienstbuben und Dienstmädchen hinaus auf die Bauernhöfe, schon als Zehnjährige, werden Hüterbuben, sogenannte »Saububen«, müssen sehr früh aufstehen und kommen schon müde in die Schule. – Im Sommer verdingt sich der Schneidermeister nicht selten als Taglöhner und Ernteknecht. Ein hartes Leben. Aber man ist der Schneider von Wiedenzhausen und genießt sein exemplarisches Ansehen zwischen Odelzhausen und Sulzemoos, mitten im schönen und vielberühmten Dachauer Hinterland, in der Gegend zwischen Glonn und Amper.

Welch ein kostbares Stück Altbayern! Und nicht erst seit Ludwig Thomas »Agricola«, seit den Romanen »Der Wittiber«, »Altaich« oder »Der Ruepp« ist dieser Menschenschlag zu Ansehen gekommen. Da war vorher schon die Dachauer Malerkolonie gewesen. Leibl hat in Graßlfing seine Dachauerinnen gemalt. Max Liebermann und Fritz von Uhde entwickelten ihre Dachauer Impressionen. Plötzlich kamen die Künstler aus ganz Europa angereist, mieteten sich in Dachau Ateliers, hausten in den Dorfwirtshäusern, schlugen in Schulen und Pfarrhöfen ihre Staffeleien auf. Unter ihnen Schweden und Schotten, Berliner und Holländer. Die Dachauer herbe Bauernlandschaft ist für zehn, zwanzig Jahre lang die Provence Bayerns geworden. Dill, Hölzel und Langhammer brachten Ende der achtziger Jahre nochmal eine Nachsaison, die Kolonie »Neudachau«.

Die Dachauer Sezessionisten und Naturalisten gaben der Malerei eines halben Jahrhunderts den bäurischen

Schwung. Noch heute zählen ihre Werke zu den Kostbarkeiten.

Vielleicht ist auf einem der vielen und in alle Welt ver-
streuten Bildern der Dachauer Maler, die nicht selten auch
den Genrestil pflegten, vielleicht ist da irgendwo der Großvater Joseph Baumgartners zu sehen? Auf dem Weg nach
Dachau? Auf der Kegelbahn? Vor der Kirche? Im Wirtshaus? – Nicht zuletzt hat die würzige Ökonomieluft des
Dachauer Hinterlandes dem Jugendstil etwas von seiner
humorigen Leichtigkeit gegeben, einer Leichtigkeit, die
Charakter hat. Der Bildhauer Ignaz Taschner baute sich
in der Dachauer Gegend ein Haus. Bruno Paul und Adolf
Hölzel illustrierten Thomas lustige Dachauer Bauern-
geschichten.

Der Menschenschlag wurde immer populärer. Dach-
auerisch hieß bald schlechthin bäurisch-bayerisch. Die
Münchner Volkssänger und Humoristen traten in der
Dachauer Bauerntracht auf. Im Platzl gründete Hans
Straßmeier die erste Dachauer Bauernkapelle. Und schon
nannte sich das ganze Ensemble die »Gescherten«. Der
Münchner nannte damals den Bauern den »Gescherten«,
besonders den Dachauer Hinterländler. Man kann behaupten, daß vorübergehend die »gescherten« Bauern-
komödianten die Wildschützen- und Sennerinnen-Darstel-
ler verdrängt haben, besonders seit 1900. Das bayerische
Volksstück erreichte jetzt seinen Höhepunkt. Die Bauern-
schwänke Ludwig Thomas, die Gestalt des Joseph Filser,
des Hofbauern, des Hochzeitschmusers oder der streit-
süchtigen Dachserin atmen Dachauer Bauernluft. Das
Milieu wurde in den Münchner Bierlokalen von den Komi-
kern allmählich inflatorisch übertrieben und der »luft-
geselchte Ökonom« zum Bauerntrottel entstellt, verzerrt
zum bayerischen Deppen. Die stilisierte Derbheit und

fröhliche Ursprünglichkeit der Dachauer Sezessionisten wurde gründlich mißverstanden, die Poesie der kräftigen Charaktere Ludwig Thomas nicht mehr empfunden vor lauter naturalistischer Gaudi ohne Natur.

Diese Pervertierung des Dachauer Schwankmilieus, auch in der breitesten Publikumsmeinung, war besonders nach dem Zweiten Weltkrieg verbreitet und wurde dann in den Jahren der Spielbank-Affäre, an Baumgartners Herkunft erinnernd, »echt dachauerisch-hinterkünftig« wieder traktiert. Wie leicht wird Originalität in den Augen von Journalisten und Zeitungslesern zum Fluch des Gezeichneten!

Wie vielschichtiger und vornehmer – wenngleich auch schon derb bäurisch und exemplarisch genug – beschreibt dagegen Ludwig Thoma diesen Menschenschlag zwischen Amper und Glonn! Frei nach Tacitus' »Germania« heißt es da: »Sie kämpfen ohne überlegten Schlachtplan; jeder an dem Platze, welchen er einnimmt. Der Schilde bedienen sie sich nicht. Als natürlicher Schutz gilt das Haupt, welches dem Angriffe des Feindes widersteht und den übrigen Körper schirmt. Manche bedienen sich desselben sogar zum Angriffe, wenn die übrigen Waffen versagen.« Ist das nicht ein zutreffendes Zitat für den politischen Kämpfer Baumgartner? Entblößten Hauptes, ohne die juristischen Spitzfindigkeiten seiner Verteidiger zu beachten, ging er in den Parlamentarischen Untersuchungsausschuß und machte sich nichts aus den zahllosen Aussagen und »eidesstattlichen Erklärungen« und Konspirationen der Zeugen seiner Gegner. Ja, seine eigenen Angriffe trug er entblößten Hauptes vor. In einer bedeutsamen Rundfunkrede zum Beispiel verteidigt er die mit der SPD koalierende Bayernpartei am Vorabend von Heiligdreikönig 1955 mit rigoros offenen Worten, wie man sie von versierten Politikern selten zu hören kriegt. Mit Hilfe der Bistumsblätter werfe die CSU jetzt der neuen bayerischen Regierung das Böse schlechthin vor, den Religionskrieg, die Gefährdung einer religiösen Kindererziehung und der Bekenntnisschule. Nach den Darstellungen der CSU sei in Bayern eine unheimlich rote Herrschaft ausgebrochen und der Antichrist gekommen! Der Bolschewismus stehe vor der Tür, die Lehrerbildung werde gottlos, ja, die Konzentrationslager würden wieder kommen, so jammere die CSU landauf, landab in jeder Stadt, in jeder Pfarrei. Und schuld daran sei, so rief Professor Baumgartner aus, nach der Meinung der CSU einzig und allein die Bayernpartei und deren Vorsitzender Baumgartner. Undankbar, heuchlerisch und rachedurstig führe die CSU jetzt einen Vernichtungsfeldzug gegen die Bayernpartei, gegen jeden einzelnen Anhänger seiner Partei in Dorf und Stadt, in den Ämtern und in der Wirtschaft bis zur Existenzvernichtung. Und dann nennt er die Schimpfnamen, die die CSU den Bayernparteilern alle gegeben habe, »Partisanen« und »Kommunisten«, »Abfalleimer« und »Verräter des Abendlandes«. Baumgartner berichtet von fingierten Koalitionsgesprächen, welche die CSU mit der trotz all der Schmähungen ehrlich-bereiten Bayernpartei geführt habe, während sie, die heuchelnde CSU, gleichzeitig unbedingt die alte Koalition mit der SPD wieder habe eingehen wollen. In dieser Regierung der Viererkoalition aber stünden elf Nichtsozialdemokraten nur fünf Sozialdemokraten gegenüber. So etwas hätte es bei der CSU nie gegeben, daß ein Ministerpräsident gegen die Mehrheit des Kabinettes hätte regieren müssen. Man habe sich eben sehr demokratisch, ohne daß eine der vier Parteien ihre Grundsätze hätte aufgeben müssen, in einem Koalitionsprogramm geeinigt. Man möge die Regierung an die Arbeit gehen lassen mit dem Wahlspruch: »Treue zu den Freunden, Treue zum Land und Treue zur Wahrheit.«

Wie sagt Ludwig Thoma in »Agricola«? »Als natürlicher Schutz gilt das Haupt, welches dem Angriffe des Feindes widersteht und den übrigen Körper schirmt...«

Noch kann von dem Höhepunkt im Leben des Sulzemooser Helden Joseph Baumgartner, von der Gründung der Viererkoalitions-Regierung in Bayern, bestehend aus SPD, Bayernpartei, FDP und GP/BHE (jenes mittlerweile aufgelösten Bundes der Heimatvertriebenen und Entrechteten) am 13. Dezember 1954 nicht die Rede sein, noch haben wir den Großvater Baumgartner, den Schneider von Wiedenzhausen, kaum kennengelernt.

Dessen Sohn, der Vater unseres Joseph Baumgartner, Simon (1871 bis 1939), mußte schon als Kind zu den Bauern in den Dienst. Alle von den Buben konnten ja nicht Schneider werden. Der ländlichen Störhandwerker gab es ohnedies genug. Der fleißige Bauernknecht hatte nach seiner aktiven Militärdienstzeit große Pläne; er wollte ein eigenes Hauswesen gründen. Eine Braut hatte er schon. Ein israelitischer Häuserhändler aus Dachau, ein Immobilien- und Finanzierungsagent, wußte ein geeignetes, d. h. ein billiges und genügend kleines Objekt. Dieser Realitätenschmuser gab Hypothekendarlehen beinahe ohne Eigenkapital. Er kannte den Menschenschlag. Zwei junge Leut, mit solch hingebendem Fleiß begabt, bedeuteten ihm Sicherheit genug. Und unter den Sparsamen zählte dieses Brautpaar zur Elite.

Das Anwesen von Simon und Therese Baumgartner war denn auch mehr als bescheiden. Es war eine leere Bausölde, das winzigste Anwesen in der Gemeindeflur von Sulzemoos, zum »Garaus« geheißen, wo man fast keinen Grund hatte und die einzige Geiß zum Fenster herausgeschaut hat. An eine eigene Kuh konnte man noch nicht denken. Und ihr Sohn sollte einmal bayerischer Landwirtschaftsminister werden!

Der junge Ehemann schuftete als Taglöhner und die junge Frau, nicht minder unternehmerisch, ließ sich zur Hebamme ausbilden. Das war ein zusätzliches Einkommen und man brauchte dazu kein eigenes Kapital. Ein kurzer Hebammenkurs in München wurde absolviert und die Prüfung mit Auszeichnung bestanden. Der Frau Therese war nichts zu viel. Über ein halbes Jahrhundert lang war sie die Hebamme von Sulzemoos und half vielleicht ein paar tausend »Dachauer« Bauernkindern das Licht der Welt erblicken.

Für eine Bauernhebamme ist es oft ein mühseliges Treiben. Da klopft jemand gegen Mitternacht an die Haustür. Draußen schneit es seit Tagen und ein eiskalter Wind hat die Wege verweht. »Was ischt denn? Wer klopft bei der Nacht?«

»Ja, die Hebamm' brauchet ma gschwind! Bei meiner Bäurin waars iatz gen dengascht so weit!«

Wer denn seine Bäuerin sei, wollte die Baumgartnerin wissen, denn sie hatte derzeit gleich drei freudige Ereignisse in Aussicht. Fleißig war es der Roßmayr, der abgelegenste Einödbauer. »Gschlein di, Bamgartnerin, meiner Bäurin pressierts!« Und dann wendete der junge Bauer sein Roß und ritt durch die eisige Winternacht geschwind heimzu. Wegen des Sauwetters und auch wegen der gar großen Eile ist er nach Sulzemoos geritten. – Wie die Hebamme zum Roßmayr kommt, daran hat er gar nicht gedacht. Wichtig für den angehenden Vater ist ja nur das Hebammen-Einsagen.

»So wenig drandenkend sind die Leut. Unsereins kann zwei Stund durch den Schnee stapfen!«

Und nicht selten war die Hebamme Baumgartner selber in der Hoffnung. Sie hat sechs Kinder auf die Welt gebracht: zwei Buben und vier Dirndln. Zuerst die Maria. Sie ist daheim aufgewachsen und ging dann früh in den Dienst ins Schloß von Sulzemoos, wurde gar Herrschaftsköchin und kam in der Welt herum und heiratete schließlich in Aschaffenburg einen Schneider.

Dann kam die Theres. Sie arbeitete als heranwachsendes Mädchen als Taglöhnerin in der Schloßökonomie von Sulzemoos und ehelichte dann einen Bauern in Sulzemoos.

Endlich gebar sie einen Sohn, den Simon Baumgartner. Man schrieb das Jahr 1902. Er übernahm später das väterliche Anwesen und ging – wie sein Vater – jahrelang als Taglöhner in die Schloßökonomie des Freiherrn von Schaezler[1] – Dem Baumgartner-Vater übrigens war es mittlerweile gelungen, das kleine Garaus-Anwesen gegen ein größeres Ochsenzeugl in Sulzemoos zu vertauschen. Jetzt hatte man drei Kühe, ein paar Jungstückl und einen Zugochsen, säte eineinhalb Tagwerk Weizen, an die zwei Tagwerk Roggen und etwas Hafer. Es waren 15 Tagwerk Eigengründe zu bestellen und auch noch etliche Tagwerk Pachtgrund. Ungefähr ist das Baumgartner-Gütl so geblieben in all den Jahren – auch während der Ministerzeit des Bruders. Da kam kein Tagwerk dazu. Der Simon Baumgartner junior ist später auch Bürgermeister von Sulzemoos geworden – und das schon eher, als der Bruder Joseph Staatsminister.

Zwei Jahre nach der Geburt des Simon kam Frau Therese Baumgartner, geborene Trinkl und Hebamme zu Sulzemoos, abermals nieder und sie gebar noch einmal einen Sohn. Man schrieb den 16. November 1904. Pfarrer Karl Kainz von Sulzemoos taufte den Buben auf den Namen Joseph. Welch vernünftiges Omen für einen zukünf-

tigen Landwirtschaftsminister in den Hungerjahren eines
Volkes! Es gibt keinen anderen Namen, der so viel mit
Ernährung zu tun hätte. Der Heilige Joseph war der
»Nähr- und Pflegevater Jesu« – lange bevor er der Patron
der Arbeiter geworden. Und sind nicht gerade die Arbeiter
die wahren Ernährer? Aber da gibt es noch einen deut-
licheren Ernährer, der Joseph hieß, den ägyptischen Joseph,
den Traumdeuter der Pharaonenträume von den sieben
mageren Kühen, welche die sieben fetten gefressen und
von den sieben dürren Ähren, welche die sieben körndl-
reichen verschlungen. Von jenem gesegneten Lieblingssohne
des Patriarchen Jakob, der die Vorratswirtschaft in Ägyp-
ten erfunden hat und zum gepriesenen Retter in bitterster
Not werden konnte. Und war justament dieser ägyptische
Joseph nicht auch ins Gefängnis geworfen worden? Ja,
hatten ihn nicht seine eigenen Brüder verkauft? – Nomen
est Omen. Nicht ganz zufällig und bedeutungslos wird
ein Dachauer Bauernbub Pepperl getauft – und ein anderer etwa nach dem Keuschheitsidol Aloysius.

Auch das Geburtsjahr kann mit Beziehungen aufwarten.
Der christliche bayerische Bauernverein konstituiert sich allmählich. Im schwarzen Zentrum setzt sich unter Dr. Georg
Heim[2] ein linker Flügel durch. Die Zahl der bayerischen
Ministerien vermehrt sich um das Eisenbahn-Ressort. Seine
Kgl. Hoheit, der Prinzregent, geht ins dreiundachtzigste
Jahr und sein Auge ruht wachsam auf den noch verbliebe-
nen kgl. bayerischen Reservatrechten, auf der eigenen Post
und der Bahn, auf dem Oberbefehl über die kgl. Bayerische Armee im Frieden. Zentrum und Sozialdemokratie
gehen sogar ein Wahlbündnis ein und verbessern das in
Bayern ohnehin schon lang vorhandene Wahlrecht! Ein
unerhörtes Ereignis: Die Schwarzen und die Roten! – Ab
1906 ist dieses Wahlrecht in Bayern allgemein, gleich und

geheim. Durch den aufkommenden Linksliberalismus trennen sich die Christlichen wieder von den kgl. bayerischen Sozialdemokraten, denen Georg von Vollmar[3] durch seinen sozialistischen Revisionismus das Vertrauen mancher Bürger erworben hat. Der Bauerndoktor Georg Heim verliert mit seinen »roten Kaplänen« im Zentrum den Einfluß und die Liaison mit den Sozialdemokraten – und war es auch nur ein einmaliges Wahlbündnis – wird innerhalb des Zentrums als übelste Demagogie verschrien. Der Passauer Dompropst Pichler übernimmt die Führung im Zentrum und mit ihm Graf Preysing[4] und der Philosophieprofessor Hertling[5]; zu ihnen stieß bald Heinrich Held[6]. Diese Erzkonservativen hielten ihr Fähnlein aufrecht bis zur Katastrophe von 1918, um später dann – in der Weimarer Republik – doch den Kurs Georg Heims und seiner roten Bauernkapläne bzw. des christlichen bayerischen Bauernvereins einzuschlagen. Schon 1904 bis 1906 läßt sich in der politischen Konstellation Bayerns das alles ablesen: Das Monarchische, das Soziale und Christlich-Bäuerische und das Erzkonservative mit den linksliberalen bösen Todfeinden.

Fünfzig Jahre später waren die politischen Anschauungen der Mächtigen um keinen Deut weitergekommen. Das Kesseltreiben wider die Viererkoalition zwischen 1954 und 1957/58 benützte dieselben Parolen wie anno dazumal der Stimmungswechsel von 1906/07 innerhalb des Zentrums. Es gibt eben in Bayern *zwei* rechte Brüder – neben den zahlreichen linken. Und der eine möge dem anderen die Milch nicht wegtrinken! – Hie Heim – hie Pichler! Hie Baumgartner – hie Müller-Seidl-Ehard! – Es haben sich nur die Namen geändert. – Und hatte der »übelste Demagoge Georg Heim« damals auch keine eigene Partei gegründet – weil ja schon lange vor ihm seine antiklerikalen

Gegner dies unglückseligerweise im Bayerischen Bauernbund getan hatten –, so wurde Georg Heim doch gründlich in die Isolation gedrängt.

Ein Menschenalter ist für den Historiker nur eine kurze Spanne Zeit. Politische Ideen vererben sich zähflüssig von Geschlecht zu Geschlecht. Allenfalls ändern sich kaum die Systeme, nur die Namen und Benennungen. In Bayern fühlen das die Leut, besonders die Bauern. Es gleichen sich die Zeiten des Friedens mit denen des Schreckens und Krieges. Auch mag der Unterschied zwischen der Handwerkerrevolution zu München von anno 1398/1403 mit der der Räterepublik von 1918/19 nicht allzu krass empfunden werden. Und kriegt die Welt all' Tag ein anders Gsicht, der Mensch, der ändert sich doch nicht. Zu jedem Regierungswechsel zitiert der Bauer den Spruch: Die Säu wechseln, der Nursch (Trog) bleibt.

Über Baumgartners Geburtsstunde stand der Stern des angefangenen unruhigen 20. Jahrhunderts. Der gerade Sinn hart arbeitender Gütler und Taglöhner – bei aller Behendigkeit zur täglichen Notdurft, begleitet von einer unglaublichen Anspruchslosigkeit, konnte dennoch Witz und Fröhlichkeit nicht unterdrücken. Man fühlte sich geborgen im Brauchtum eines Jahresablaufes, im Wechsel von glänzenden Hochzeiten und traurig-feuchten Begräbnissen, von Fahnenweihen, solennen Primizen und Prozessionen, von Bittgängen und Wallfahrten und von all dem besonderen Zauber der heiligen Zeiten. Nur ein Bauernbub kann die unmittelbaren Zusammenhänge des Lebens und Sterbens so innig und endgültig hart, so tröstend und tieftraurig erleben.

Auch der Baumgartner Joseph war Ministrant, auch er stand ein dutzendmal neben dem Pfarrer am offenen Grab und sah die Zähren der Hinterbliebenen aus nächster

Nähe; neugierig beobachtend und mitempfindend. Und wie nah erst kommen die Ministrierbuben den Brautleuten! Sie sind dabei, wenn eine Geborenhabende zum ersten Male wieder die Kirche betreten darf, wenn sie der Pfarrer »zum Altar vor segnet«. Und läuteten sie damals nicht auch noch das Glöcklein beim Versehgang?

Der kleine Baumgartnerpepperl bekam zu seinem Bruder Simon und zu seinen zwei älteren Schwestern noch zwei Weiberleut in die Familie, die Katharina und die Anna. Die Kathi trat in bäuerliche Dienste in Sulzemoos und Odelzhausen und heiratet dann später auch einen Schneider in Aschaffenburg wie ihre ältere Schwester. Auch seine jüngste Schwester konnte zunächst »nur« eine Sulzemooser Bauerndirn werden. Sie heiratete aber bald einen tüchtigen Fuhrunternehmer in Olching.

Nur der Sepp also, der hat weder zum Taglöhner noch zum Bauernknechtdasein getaugt, er hat studieren dürfen. Der Lehrer Gutter war der Meinung und der Herr Pfarrer Kainz hat auch nichts dagegen gehabt. Er hat ihn gleich für die zweite Lateinklasse ins Scheyrer Benediktinergymnasium vorbereitet. Der Mutter Therese ging ein Herzenswunsch in Erfüllung. Einer ihrer Söhne würde als Priester am Altare Gottes stehen.

»Wenn von den zwei Buben einmal einer am Altar steht, dann ist die Ehre der Familie nicht mehr höher hinaufzuschrauben.«

So haben sich die Knoten dieses Lebens früh geschürzt. Darf so ein braver und dennoch aufgeweckter Bauernbub von Sulzemoos studieren, wird dann aber kein Pfarrer, sondern zeigt eher ein national-ökonomisches, ein politisches Interesse, dann wird er sich unbedingt einmal zwischen dem linken und dem rechten schwarzen Flügel entscheiden müssen. Seiner Vaterlandsliebe zum Königreich

Bayern wird er niemals verlustig gehen. Seine Würfel sind längst gefallen.

Noch aber geht der Pepperl nicht einmal in die Volksschul. Auf der Suche nach allerersten Kindergeschichten fiel niemandem etwas Besonderes ein.

»Ja no, er is a Bua gwen und werd schon aar a weng umtriebn habn! Spielsach hat man ja selbigsmal it kennt...« Und dann fällt dem Altbürgermeister doch etwas ein: »Haltauf ja, amal hat er unserne Singerl im Wassergrand dertränkt!«

Eine makabre Geschichte für einen zukünftigen bayerischen Landwirtschaftsminister! Als ganz kleiner Bub von etwa drei Jahren und als Hebammensohn wußte er, daß die Säuglinge, wenn sie gebadet waren, von der Hebamme anfangs noch, solange die Kindsmutter das Bett hüten mußte, ins Wickelkiss gesteckt wurden und schlafen mußten. So hat der kleine Pepperl, zusammen mit dem Nachbarsbuben, die kaum ausgeschlüpften Kücken einer Henne »gebadet« und sie einzeln so lange in den Wassergrand gesteckt, bis sie sich still auf die Wiese legen ließen und brav »geschlafen« haben. Diese Geschichte hat einiges Aufsehen erregt bei den Eltern und den Geschwistern. An sie erinnert man sich heute noch. Sonst weiß man wenig. Die üblichen Bubenstücke, wie sie in jedem dörflichen Kinderleben passieren.

In der Volksschule war er einer der gescheitesten. Vor allem glänzte er ob seines guten Gedächtnisses. Er lernte leicht und geschwind. Das verschaffte ihm schon früh das beinahe elegante Gefühl des Überlegenseins.

In der Sulzemooser Pfarrkirche kommt das staunende Gemüt mit der bayerischen Herrlichkeit eines überschaubaren Rokokoraumes gleich in eine würdig heitere Berührung. Und doch ist dies Langhaus uralt, gar romanischen

Ursprungs und soll aus dem 12. Jahrhundert stammen. Und der Altarraum ist im gotischen Stil aufgemauert worden. Die Innenausstattung zeugt von viel Geschmack, sie faßt die Räumlichkeiten zusammen in eine himmlisch-bäuerliche Heiterkeit, die trotz der Putten, trotz der schwungvollen Medaillons, trotz der Blumenkränze und Akanthen eine irdische Verbundenheit mit dem vergänglichen Dasein in der Weltenherberge nicht vergessen läßt. Die wunderschönen Heiligenfiguren verkünden überzeugend die Wirklichkeit einer jenseitigen Welt, Amen.

In einer solchen Kirche wird ein famoser Grundstock an Frömmigkeit und Katholizität gelegt. Da kann kommen was mag. Unvergeßlich ist einem die helfende, die erhörende Gebärde der edlen Jungfrau und Gottesmutter Maria ins Herz geprägt worden. Und die Allmacht Gottvaters scheint in majestätischer Ferne geziemend unerreichbar. Wahrscheinlich auch für den Priester am Altare. Die Ewigkeit hat gewaltige Dimensionen in der Phantasie eines Dachauer Bauern. Sie reicht viel weiter als bis München und Augsburg. Und Gott der Herr ist mächtiger als der größte aller Bauern, als der Freiherr von Schaezler, als selbst der König von Bayern. Er ist größer und mächtiger und älter und weiser. Das Gottesbild eines bayerischen Bauern ist das von einem patriarchalischen Greis, der aber über die Maßen rüstig und allmächtig schaltet und waltet und sich von niemandem etwas dreinreden läßt, dem man sich am besten nur über seine Heiligen nähert, über den Schutzengel, den Namenpatron und über Maria. Natürlich hat man auch in Sulzemoos gelernt, daß Gott ein Geist ist, aber vorstellen tut man ihn sich halt doch zeitlebens über den Wolken auf seinem Thron, wie er hoch droben über den Wolken des Hochaltares residiert.

Der Hebammenberuf der Mutter, der weisen Frau des

Dorfes, darf nicht übersehen werden. Hebammenkinder sind am End vom Haus aus schon gescheiter und wissender als anderer Mütter Kinder. Die Mutter wird nachts geholt, sie hilft anderen Frauen, sie verdient Geld und bringt vom Wöchnerinnenbett auch allerlei Leckerbisserl und andere Geschenke heim. Sie nimmt an der Taufe führenden Anteil, legt das Kindlein im Wickelkiss auf den Arm des Paten oder der Patin, trägt es aus der Kirche ins Wirtshaus zum Kindlmahl, wo sie gelegentlich auch eine recht leutselige und muntere Gesellschafterin abgibt. Eine Hebamme ist schon wer! – Und der kleine Pepperl ist stolz auf die außergewöhnliche Stellung seiner Mutter.

Um die Jahrhundertwende beträgt das Hebammenhonorar für eine Entbindung zehn Mark. Auf dem Land ist das die Taxe im ganzen Königreich. Nach dem ersten Weltkrieg werden es allmählich dreißig Mark und schließlich fünfunddreißig.

Es gab Mütter in Sulzemoos, die diese zehn Mark nicht haben aufbringen können und sie oft lange schuldig geblieben sind. Freilich haben die meisten bezahlt, fast alle. Aber einige hat es gegeben.

Und der Vater war ein redlicher, aufrechter Mann, nicht ganz ohne Interesse fürs Politische. Aber der kleine Mann kann nichts machen, der muß es nehmen, wie es kommt. »Und wennst was machst, wird's aa net besser!« –

Er verdiente sich zeitlebens zusätzliches Geld als Taglöhner in der Schloßökonomie.

Wer von Sulzemoos arbeitete nicht in der Schloßökonomie beim Herrn Baron? Bei dem Freiherrn Edmund von Schaezler, Herrn auf Sulzemoos? Auch die Sulzemooser Schaezler gehören zur berühmten Augsburger Patrizierfamilie. Vor dem Ersten Weltkrieg regierte Baron Edmund auf Sulzemoos, dann sein Sohn Wolfgang und ab 1922

dessen Bruder Siegfried Freiherr von Schaezler. Dieser
übergab die Ökonomie einem Pächter. Er starb 1958 und
war dem jungen Baumgartner gut gesonnen. Er hat ihn als
Studenten mit einem kleinen Darlehen sogar einmal unterstützt. Eine größere Ausbildungsbeihilfe stellte dem jungen
Nationalökonomen ein kleiner Dorfschullehrer zur Verfügung. Trotzdem, auf den Herrn Baron ließ Baumgartner
nie etwas kommen. Mit Erlaubnis der Erben und wahrscheinlich auch bereits auf eine noch stattgehabte persönliche Abmachung, liegt Professor Baumgartners Grab in
unmittelbarer Nähe der Gruftkapelle des Freiherrn Siegfried von Schaezler auf dem Sulzemooser Bauernfriedhof.
Der Baron wurde 1958 beerdigt, Baumgartner im Januar
1964.

Wer also von den Sulzemoosern hat nicht in der Schloßökonomie gearbeitet? Es war dies nicht einmal eine sehr
große Landwirtschaft: 280 Tagwerk Feldbau und Wies
und gut 500 Tagwerk Wald. Aber in der noch maschinen-
losen Zeit vor dem ersten Weltkrieg konnte der Verwalter
in der Sommerzeit nicht genug Mäher einstellen. Die Taglöhner hatten ihre eigene Sense mitzubringen und mußten
mähen von früh vier Uhr bis abends sechs Uhr. Zu den
Mahlzeiten konnten sie heimgehen. Und auch für den
Trunk hatten sie selber zu sorgen. Dafür bekamen sie eine
Mark und zwanzig Pfennig Taglohn. Das war ein anstren-
gendes Tagewerk für das wenige, begehrte Geld. Aber andere Verdienstmöglichkeiten hat es damals in Sulzemoos
noch nicht gegeben.

So um 1905/06 herum ist es im Sulzemooser Schloß
zu einem Zwischenfall gekommen. Auch Professor Baumgartners Vater war daran beteiligt. An einem Sonntag
nach dem feierlichen Pfarrgottesdienst rotteten sich etliche
Sulzemooser Schloßtaglöhner zusammen und schritten

vor das Schloßportal. Sie trafen auf den Baron, der auch gerade von der Kirche heimging und forderten mehr Lohn. Statt einer Mark zwanzig Pfennig wollten sie eine Mark vierzig haben. Einige träumten gar von einer Mark fünfzig. Des späteren bayerischen Landwirtschaftsministers Vater war unter den Demonstranten. Der Freiherr lächelte und ließ zwei Sprecher der Taglöhner vortreten. Baumgartners Vater war der eine. »Untertänigst, Herr Baron, aber a Mark zwanzge Taglohn ohne Kost und Trunk, dös ischt koan Geld mehr heutzutag, wo alles so teuer werdn tuat!« Dem Baron kamen die Parolen bekannt vor. Er konstruierte in seinem zeitungsbelesenen konservativen Kopf Zusammenhänge mit streikenden Klassenkämpfern. »Dergleichen Unfug scheint Mode zu werden? Nicht nur in St. Petersburg, jetzt schon in Sulzemoos?« Seine Antwort an die Taglöhner ist heute noch wörtlich bekannt, denn sie wurde hundertmal erzählt. »So, so«, lachte der Freiherr, »mehr Löhnung wollt ihr haben? Ha, einen besseren Akkord? – Hm. Gewiß, i könnt mehr zahlen. I mag aber net. Lassen S' Ihnen das gesagt sein.« – Bei dem Bescheid blieb es einige Jahre. Und die Taglöhner gaben sich damit zufrieden. Von einem zweiten Bittgesuch ist nicht mehr die Rede, denn die Taglöhner von Sulzemoos waren brave Leut. Den einzigen Bösewicht in der Gegend, den Kneißl Hiasl, hatte der Scharfrichter in Augsburg anno 1903 gerade geköpft gehabt. – Auch in seiner Biographie spielt das Sulzemooser Schloß eine Rolle. Das berühmte Kneißl-Lied bringt die Strophe: »Mein Vater hat a Mühlei pacht vom Sulzemooser Schloß ...«

Auch Bruder Simon arbeitete als Fuhrknecht im Sulzemooser Schloß, ehe er das heimatliche Gütleranwesen übernehmen konnte. Er war später dann jahrzehntelang

Bürgermeister von Sulzemoos. Eine gewisse politische Rührigkeit war schon dem alten Baumgartner nicht fremd gewesen, wenngleich er es noch zu keinem Amte gebracht hatte. »Ja, der Sepp hat dös meist vom Vatern ghabt, aa sein ganz' Dings, sein Temperament hübsch.« 1939 ist der Vater Baumgartners dann jäh verstorben. Er lag in der Früh tot im Bett. Er war 68 Jahre alt geworden. Von der außerordentlichen Laufbahn seines Sohnes hat er nichts mehr erlebt, denn 1939 war der spätere Ministerpräsident-Stellvertreter immer noch Versicherungsagent. Und das jetzt sogar in Graz, in der Steiermark! Er war ein Sohn, der sein Ziel verfehlt hatte, der trotz der Opfer, die sein Studium gekostet hatten, nicht Priester geworden war. Beinahe war er ein mit dem Familienbanne belehnter verlorener Sohn.

Kindergarten hat es damals in einem kleinen Bauerndorf noch keinen gegeben. Das ganze Dorf war den kleinen Buben und Dirndln ein Garten. Die Spiele waren einfach und selbstgemacht und erfunden. Daß in Sulzemoos die Buben natürlich auch das Kneißlfangen nachgemacht haben, ist selbstverständlich. Das war ein schneidiges Wildschützenspiel: Viele gegen einen, die Gendarmen gegen den Räuber Kneißl. Die Mutter kannte den Kneißl Hiasl noch von der Schule her. »Gar a so a Schlimmer is er net gwen, der Hiasl! Da habn schon ander Leut aa vui z'Schuid ghabt.« Zeit seines Lebens hat Professor Dr. Baumgartner für seinen Landsmann Mathias Kneißl eine lokalpatriotische Sympathie geäußert. »Sulzemoos hat zwei große Männer hervorgebracht: den Räuber Kneißl und mich«, pflegte er gerne im Spaß zu sagen.

Die Geschichte vom Raubmörder Mathias Kneißl beschäftigte damals die Zeitungen ganz Deutschlands. Fast zwei Jahre lang konnte ein immer größer werdendes Auf-

gebot von Gendarmerie und Soldaten den alle Wege und
Schliche kennenden Kneißl Hiasl nicht fangen, bis sie ihn
endlich durch den Verrat seiner Freundin in einem Häuserl
in Geisenhofen haben stellen und umzingeln können.
»160 Soldaten san aufmarschiert, zwoa Kommissär, a
Dokta.« Aber ergeben hat sich der Kneißl nicht. Sie haben
das Anwesen sturmreif schießen müssen. »Aufs Kom-
mando oans zwoa drei falln tausad Kugeln rein.« Schwer
verwundet haben sie ihn dann endlich nach München transportiert, haben ihn dort wieder ausgeheilt, ihn in Augsburg dann zum Tode verurteilt und am 21. Februar 1902
hingerichtet. Kneißls Mutter hat den Leichnam um 60
Goldmark den Justizbehörden abgekauft und ihm ein solennes bayerisches Begräbnis zuteil werden lassen. Während der Hinrichtung in Augsburg wurden von geschäfts-
tüchtigen Händlern Tausende von Spottkarten verkauft:
»Kneißls Abschied von seinen geliebten Gendarmen«. Die
Karten gingen bis nach Amerika.

Diese Geschichte hat in den Knabenjahren Joseph
Baumgartners eine nicht zu unterschätzende Rolle gespielt. Man denke an den korsischen Freiheitshelden Pas-
quale Paoli und an den jungen Napoleon! Der junge
Bonaparte eiferte den Heldentaten Paolis – dessen toll-
kühnen Streichen und lebensgefährlichen Fluchtversuchen
– in seinen Knabenspielen nach. Ein nicht viel weniger
dramatisches Spiel war das Kneißlfangen der bayerischen
Buben zwischen 1900 und 1914.

Sulzemoos hatte eine Art Zwergschule, aber immerhin
eine von der größeren Kategorie, eine zweiteilige. Das
Lehrerfräulein Grassmann unterrichtete die unteren drei
Klassen, der Herr Lehrer Gutter die vierte mit der siebten.
Aus so einer bayerischen Dorfschule können keine medio-
kren Köpfe hervorgehen, denn der Respekt vor der Ge-

lehrsamkeit ist groß bei Lehrer und Schüler. Und beide haben Ehrfurcht voreinander, wenn auch die Disziplin manchmal zu sehr betont wird. Entweder zeigt man hier eine Begabung und eine Freude am Lernen oder man wird ein tüchtiger Ökonom oder Handwerker und halt doch auch ein Mensch von exemplarischem Charakter und einer wirklichkeitsorientierten Lebensbildung.

Übrigens soll man den Lehrstoff damaliger Volksschüler nicht unterschätzen. Ihren Katechismus kannten sie auswendig, so gut wie das kleine und das große Einmaleins. Die Namen der Propheten und Patriarchen, die der zwölf Apostel und der sieben Hauptsünden etc. waren alle dem Gedächtnisse eingeprägt. Man hatte zahlreiche Gebete gelernt, wußte alle Rosenkranzgeheimnisse, die sieben Sakramente und die sieben Gaben des Hl. Geistes etc. Ja selbst das Krönungsdatum Kaiser Karls des Großen hatte man im Kopf. Die Realitäten lehrte dann einen schon das Leben. Die Anfangsgründe des Rechnens mit den Quadrat- und Kubikmetern hatte man ohnehin noch mitbekommen. Von den zahlreichen Gedichten und Liedern, die man auswendig lernen durfte, von den Bauwerken König Ludwigs I., die manch einer noch hernennen konnte — samt den Schlössern Ludwigs II. —, wollen wir gar kein übermäßiges Aufheben machen. Manche Abiturienten der sechziger, siebziger Jahre wissen solche Spezialitäten nicht mehr.

Und war ein Bub besonders gescheit und aufgeweckt, und selbstverständlich auch fromm, dann durfte er Ministrant werden. Jetzt mußte er schon Lateinisches lernen: Das »Ad Deum, qui laetificat« und das »Qui tu es, Deus!«, das lange »Confiteor« und das schwierige »Suscipiat«. — Der Baumgartner Pepperl hat es spielend gelernt, und der brave Pfarrer Karl Kainz, ein gebürtiger Fürstenfeldbrucker, hatte seine Freude an dem neuen Ministranten, denn der Hebammenbub zeigte auch eine Freude an den Zeremonien der Hl. Messe und hatte womöglich ein tiefes, frommes Gemüt. Er behielt ihn im Auge. Und eines Tages, nach einer Taufe, während eines Kindlmahles, an dem ausnahmsweise auch Hochwürden teilnahmen, redete der Pfarrer die Baumgartnerin an: »Der kleine Joseph ist ein guter Ministrant und könnte vielleicht sogar einmal etwas Mehreres werden – mit Gottes Hilfe – vielleicht gar ein Priester«.

Das Herz der Baumgartnermutter schlug höher. Ihr Sepperl sollte ein Pfarrer werden? Ja, die Freud war ja gar nicht auszudenken! Das lange Studium freilich! In Scheyern zuerst bei den Benediktinern! Aber dann, wenn er einmal in Freising ist, geht's schneller. Da kommen bald die Niederen Weihen und dann die Höheren und zum Schluß die Priesterweihe und die herrliche Primiz! Da würden die Leut schauen! Nein, nein! Net wegen der Leut! Der Himmel tät sich freuen, wenn wieder einer in den Weinberg Gottes gehen möcht. – Wer kennt die Gedanken einer jungen Primiziantenmutter? Hunderte von Müttern haben sich ähnlichen Träumereien hingegeben.

Zum Ministrantenlatein kamen jetzt noch echte Lateinstunden hinzu. Hochwürden der Herr Pfarrer erteilte sie persönlich im Pfarrhofe nach der Schule, denn die Aufnahmeprüfung wurde gleich in die zweite Klasse gemacht. Und natürlich in Scheyern bei den Hochwürdigen Herren Benediktinern. Aber die Aufnahmeprüfung fand damals gar nicht einmal in Scheyern statt, sondern in der erzbischöflichen Kurie zu München und zwar Mitte Juli 1917 und erstreckte sich über die »verordnungsmäßigen Lehrgegenstände der 1. Klasse«. Diese Aufnahmeprüfung im erzbischöflichen Ordinariat kam einem kleinen Weiheakt gleich. Deutlich war es da zu spüren – für Schüler und Eltern –, jetzt gehört man inniger zur Kirche als ein gewöhnlicher Christ der heimischen Pfarrei Sulzemoos.

Mit gutem Erfolg hat Joseph Baumgartner die Aufnahmeprüfung bestanden. Der Vater stand im Feld. Pfarrer Kainz kehrte mit dem Sohn der Hebamme, der sich nun schon Zögling des erzbischöflichen Knabenseminars Scheyern nennen durfte, ohne Einkehr nach Sulzemoos zurück. »Zum Beginn des Schuljahres 1917/18 haben die Zöglinge sich am 17. September im Seminar einzufinden«, hieß es auf dem Blatt Papier, das dem Sepperl ausgehändigt worden war. Er zählte zwölfeinhalb Jahre. Sein Leben würde einen anderen Verlauf nehmen als das seiner bisherigen Mitschüler in der Dorfschule Sulzemoos.

Scheyern

Kommt ein Bauernbub zum Studieren fort, wird er aus-
staffiert wie ein kleiner Hochzeiter. Die Nahterinnen eilen
ins Haus und der Schneider muß ein schwarzes Gwandl
machen und einen Gehrock. Bis in die dreißiger Jahre
hinein trugen die Scheyrer Knabenseminaristen an Sonn-
und Feiertagen bereits den knielangen Pfarrergehrock mit
dem klerikalen Kragerl. Zur Abwechslung, auch zur De-
monstration, daß jetzt auf dem Gymnasium noch die
humanistischen weltlichen Studien überwiegen, schmückten
die jungen Studiosi ihren Hals mit einem vatermörderi-
schen Stehkragen und mit einer schwarzseidenen Kra-
watte.

Die Nahterinnen also nähen vier Hemden. Sogar vier
Unterhosen eigens für die Sommerszeit sind vorgeschrie-
ben. Die Bauernbuben haben höchstens im Winter Unterhosen getragen. Der Waschlappen, das Bettzeug, die
Handtücher, die ganze Wäsche mußte mit einer vom
Seminardirektor eigens mitgeteilten Eigentumsnummer
gekennzeichnet werden. Endlich ist der Reisekorb gepackt
und auf die Eisenbahn gebracht! Der Vater fährt ihn mit
dem Ochsen zum Bahnhof. Daß die Fahrt nicht ganz
»umeinsünst« ist, wird auch noch ein Kalb in der Kälber-
steige für den Metzger und Viehhändler mitgeführt. »Dös
ischt dös erschte Kaibe, dös d' verstudierst!« Der Weg ist
weit, denn Sulzemoos hat keine eigene Bahnstation.

In Schwabhausen steigt man in die Altomünster-
Dachauer Vizinalbahn. Von Dachau aus sind es dann noch
sechs Stationen bis Pfaffenhofen, über Petershausen und
Reichertshausen. Langsam wird die Gegend holledaue-

risch, sanfthügeliger, fruchtbarer. Im Zug sieht man in jedem Abteil die jungen Gelehrten aus den bäuerlichen Pfarreien der Erzdiözese, aus den Dekanaten Rosenheim und Weilheim, aus Velden und Tegernsee, aus Wasserburg und Moosburg. Die Schaffner waren etwas aufgeregt an so einem Anreisetag der Scheyrer Studenterln: »Da hätten wir ja direkt einen Extrawaggon anhängen müssen heut, weil die Pfarrerlehrbuben wieder einrucken müssen! Bsonders für die ganz kloana Rekruten, die wo die Augn voller Wasser habn, weil's bereits nach der Mama Zeitlang habn!« Die fortgeschrittenen Trimester der Scheyrer Gelehrsamkeit aber saßen selbstbewußt auf den Bänken, zupften an den Schößen ihrer Gehröcke, putzten die Augengläser oder sahen gelangweilt zum Fenster hinaus. Sie sind die Strecke schon zwanzig und dreißigmal gefahren.

Röhrmoos, Esterhofen, Petershausen, Reichertshausen, Pfaffenhofen! »Alles, was Pfarrer werden will, aussteigen!« – Ein einfältiger Ingolstädter Pionier fragt den Buben dann noch geschwind: »Wie weit seids denn schon beim Meßlesen-Lernen? Seids mitm Kyrie schon bald fertig?« Er kriegt keine Antwort mehr. Auf dem Perron in Pfaffenhofen geht's zu wie zur Hopfenzupferzeit. Der Scheyrer Klosterbot hat den größten Leiterwagen aufgeboten. Seine Rösser wiehern den Lateinschülern entgegen. Die Körb und Koffer und Schachteln und Taschen der Ankommenden ladet er alle auf seinen Wagen. Die Schüler selber gehen zu Fuß, reisen per pedes apostolorum, zu zweit und in Gruppen. Es sind sieben Kilometer. Über Mitterscheyern zieht sich die Straße dahin, und bald leuchtet ihnen der Scheyrer Turm entgegen, der massive Glockenturm der Stiftskirche der Benediktinerabtei Scheyern. Die Hopfengärten sind gerade abgezupft, die leeren

Stangen leuchten wie aufgesteckte übergroße Kerzen. Ein eifriger Seminarist denkt allerweil an seine Berufung.

Es ist schon ein besonderes Glück, bei den Scheyrer Benediktinern studieren zu dürfen! Bayerischer geht's einfach nicht mehr. Scheyern, das ist ein Name, der einen besonderen Klang hat. Markgraf Luitpold der Schyre fällt mit dem bayerischen Heerbann in der mörderischen Schlacht an der Enns im Jahre 907! Scheyern, das ist die Stammburg des Hauses Bayern, die Heimat der Wittelsbacher, das war gar der ursprüngliche Name des Geschlechtes. Schon im zehnten Jahrhundert treten die Grafen von Scheyern als mächtige Herren auf, sind auch Vögte der Freisinger Bischöfe. Um 1115 verlassen sie ihre Stammburg und ziehen nach Witelinspach, einer Burg bei Aichach. Das alte Scheyrer Schloß vermachen sie den Mönchen ihres Hausklosters zu Eisenhofen-Fischbachau. Fischbachau, eine Gründung der Gräfin Haziga, der Gemahlin des Pfalzgrafen Otto I. von Wittelsbach, des letzten Scheyern dem Namen nach, war den Mönchen zu abgelegen. Es fehlten die Zufahrtswege für die Studenten, heißt es schon in den begründenden Seufzern. Nach dem Tod der Stifterin ziehen die Söhne des hl. Benedikt ins Dachauer Hinterland auf den Petersberg bei Eisenhofen. Da fehlt wieder ein Brunnen. Endlich können sie in Scheyern selber einziehen, werden zu frommen Wächtern an der Grablege der frühen Wittelsbacher in der Kapitelkirche.

Weitläufig stehen die Klostergebäude da, beherrschen den ganzen Hügel, bestimmen die bäurische Landschaft ringsum. In den Kartagen ist großer Konkurs des Volkes zum Scheyrer Kreuz. Das byzantinische Reliquiar, das seit 1180 im Kloster verwahrt wird, birgt einen großen Partikel aus dem Stamme des Kreuzes Jesu Christi. An fast allen Sonn- und Feiertagen kommen Kreuzverehrer in die

Abteikirche und lassen sich den kostbaren Holzsplitter für etliche Sekunden auf das Haupt legen. Die Klosterkirche Mariä Himmelfahrt, in ihrem Kern spätromanisch, wurde 1215 geweiht. Die Seitenfiguren am Hochaltar, Sankt Erasmus und Sankt Bonifatius, hat Ignaz Günther geschnitzt. Kirche und Kreuzgang wurden im 17. und 18. Jahrhundert stukkiert. Und in der Kapitelkirche – einer größeren Psallierkapelle, die vom Kreuzgang aus zugänglich ist – ruhen die Gebeine der ersten Wittelsbacher, der Grafen von Scheyern. »Wächter am Heimatgrab der bayerischen Könige« wurden die Mönche von Scheyern oft tituliert.

Bedeutende Äbte haben Scheyern im Laufe der Jahrhunderte immer wieder zu einem Mittelpunkt benediktinischen Lebens gemacht. Künste und Wissenschaften wurden fleißig gepflegt. Das riesige Scheyrer Matutinalbuch von 1215 ist besonders berühmt ob seiner herrlichen Ausstattung.

Obwohl es das Hauskloster der Wittelsbacher war, wurde auch Scheyern nicht vor der Säkularisation bewahrt. Aber schon 30 Jahre später, 1838, hat der große Mäzen Ludwig I. wieder Benediktiner nach Scheyern gerufen. Sie kamen zunächst recht spärlich, obwohl noch zahlreiche ehemalige Scheyrer Mönche am Leben waren – auch der damalige Rektor der Münchner Universität, Dr. Thaddäus Siber. Vom König deshalb angesprochen, warum er nicht begeistert wieder Mönch in Scheyern werden wolle, gab die Magnifizenz schlagfertig zurück: »Wenn Scheyern das noch wäre, was es bis 1803 gewesen war, dann sofort, Majestät.«

Der Wiederanfang war hart, man mußte fast von vorne beginnen. Es fehlte auch an klosterwilligen Männern und Jünglingen. Und doch ging es spürbar vorwärts. Die benediktinischen Traditionen des Hauses wurden gleich wieder aufgenommen. Fast hundert Jahre lang widmeten sich die Scheyrer Patres jetzt der Heranbildung angehender Theologen. Der Erzbischof von München und Freising vertraute ihnen das Knabenseminar an. Wenigstens die ersten vier, fünf Jahre sollten die Buben in Scheyern ihren Studien nachkommen können, die Anfangsgründe des Lateinischen und Griechischen sollten hier als felsenfeste Fundamente gelegt werden.

Sie wurden gelegt. Um halb fünf Uhr früh sind die zehn-, elfjährigen Buben schon aufgestanden, haben sich im eiskalten Waschraum mit eiskaltem Wasser geschwind gewaschen, haben das lateinische Morgengebet gebetet und dann am Stehpult gleich mit dem Vokabel-Lernen angefangen bis um halb sieben Uhr. Anschließend hörten sie die Hl. Messe in der Studien- oder Seminarkapelle, eilten dann in den Speisesaal treppab durch den langen schmalen Gang, der direkt am Sudhaus der Klosterbrauerei vorbeiführte, ja geradezu durch dieses Sudhaus. Dort hatte der Bruder Bräumeister soeben eingemaischt und es wurde das heiße süße Bier nach dem ersten Sud geläutert. Das duftete herrlich nach Maische. Da bleibt man zeitlebens auf dem rechten Weg zwischen Altar und Biertisch! – Da rinnt einem das Wasser noch reichlicher zusammen im nüchternen Mund nach dem harten Früstudium und dem fleißigen Beten während der Meß! Die Morgensuppe – einst meist eine aufgeschmalzene Brotsuppe –, dann aber der Kaffee mit Milch und Brot konnte einen mit dem harten Studentenschicksal wieder ein bißchen aussöhnen. Gleich geht's weiter in den Studiersaal zurück, die Schultaschen packen und »Aufstellen zum Schulgang!« Über den großen Klosterhof – am Prälatengarten vorbei – geht's zum Schulgebäude des Klostergymnasiums.

Die Professoren waren alle hochwürdige Patres Benediktiner. Zu Baumgartners Zeiten – zwischen 1917 und 1921 – war der Direktor des Seminars und des Gymnasiums P. Anselm Neubauer. Präfekten waren die Patres Placidus Sattler und Joseph Felsner. Pater Gregor Echetsperger lehrte ein vortreffliches Griechisch. Er war ein typischer Benediktiner mit viel Humor und bayerischer Originalität. Er konnte die genauen sportlichen Leistungen der alten Griechen zu Olympia auf den Zentimeter genau angeben. Und jedes Jahr steigerte er! Bald sprangen sie schon 12 und 15 und 18 griechische Fuß hoch oder weit. Ein strenger Altphilologe war P. Dr. Simon Landersdorfer. Er wurde später Abt von Scheyern und dann gar noch Bischof von Passau. P. Dr. Canisius Pfättisch, ein Erzmathematiker und aussehend, als wäre er noch ein wirklicher Schüler des Pythagoras gewesen, war zugleich auch Präfekt des Seminars, später Direktor. Einer der Scheyrer Patres hieß Alfons Lallinger. Er gab Zeichenunterricht und lehrte Stenographie. Vielleicht erinnerte Baumgartner im Jahre 1947/48 – als er von der CSU in die Bayernpartei übertrat – der Name des BP-Gründers Ludwig Lallinger an den Scheyrer Pater Alfons Lallinger, den ehemaligen Zeichenlehrer? Und Scheyrer Reminiszenzen konnten kein schlechtes Omen sein!

Pater Richard Hilpoltsteiner war der Ökonom des Klosters, Wirtschaftsminister des Hochwürdigsten Herrn Abtes und des Konvents. Nebenher unterrichtete er die Lateinschüler in Naturkunde. Als obrister Ökonom kannte er sich aus in Ackerbau und Viehzucht und war auch ein passionierter Botaniker. Die angehenden Pfarrer würden ja in vielen Pfarreien selber eine Pfarrpfründe bewirtschaften müssen, würden selber nicht nur Bauernpfarrer, sondern Bauern sein. Des Aufzählens wäre noch kein

Ende. Alle waren sie originell und exemplarische Benediktiner, die nach ihrer Regel lebten, in dem uralt ehrwürdigen Geist der vita communis. »Natürlich ist jeder Benediktiner ein Original!«, Abt Sigisbert von Schäftlarn hat diesen Ausspruch einmal getan. Und man kann hinzufügen: Unsere ehrwürdigen bayerischen Patres sind sogar typisch. Die Wiege des abendländischen Humors ist die Rekreation, die Zeit der Erholung und Entspannung. Vor allem beim nachmittäglichen Haustus, der Brotzeit, sitzt man plaudernd beisammen. Natürlich geht's nicht laut her. Die taciturnitas, die stille heitere und geistreiche Art einer freundlich-herzlichen Geselligkeit, verursacht eine feine Fröhlichkeit und gebiert manch spaßige und witzige Redensart.

Das Benediktinische ist etwas Schönes. In Bayern gleich gar! Leben und leben lassen! Am End stammt auch diese bayerische Weisheit von den Benediktinern und ihrer Toleranz, so gut wie die Kunst des Biersiedens, die sie uns überliefert, des gedeihlicheren Ackerbaus, den sie uns gelehrt, einer glücklicheren Viehzucht, Fischzucht, Geflügelzucht, der Kultivierung der Obstbäume etc. etc. Von der Tradierung der anderen Wissenschaften ganz zu schweigen. Immer wieder kann man nur einen Respekt kriegen vor den Leistungen des Ordens.

In Scheyern ist dieser Geist überzeugend wirksam geworden. Gerade jener Abt, den der spätere bayerische Landwirtschaftsminister und deutsche Erzföderalist, Professor Joseph Baumgartner, in seiner Schülerzeit erlebt hat, Rupert III. Metzenleitner, ein gebürtiger Berchtesgadener, hat in seiner langen Regierungszeit von 1896 bis 1922 gleich zwei neue Abteien von Scheyern aus gegründet: Ettal und Plankstetten. Unter ihm wurde die Stiftskirche restauriert, eine neue Orgel angeschafft, das Elektrische eingeführt, eine moderne Wasserversorgung und Kanalisation installiert. Während des Ersten Weltkrieges ließ Abt Rupert III. in einem Teil der Klostergebäude ein Reservelazarett einrichten. Da sahen die Zöglinge des Knabenseminars, deren Väter an der Front standen, die Leiden des Krieges aus nächster Nähe, hörten die Ehrensalven während der Kriegergottesdienste donnern. Der Krieg war gegenwärtig in dem friedlichen Scheyern.

Das Eintrittsjahr Baumgartners war bereits das dritte Kriegsjahr. Noch brauchten die Selbstversorger nicht hungern. Die Klosterökonomie erzeugte Lebensmittel in respektabler Menge. Aber allmählich wurden die Ablieferungs-Kontrolleure immer genauer, und so wurde auch im Scheyrer Knabenseminar die Kost magerer und magerer. Die Freßpakete der Bäuerinnen-Mütter fanden manchmal schon auf dem Postwege Interessenten. Der Hunger traktierte die Seminaristen, alles Buben zwischen 11 und 17 Jahren, manchmal so sehr, daß sie beim Spaziergang von den Äckern die Rüben herauszogen. Dafür wurden sie dann noch bestraft auch!

Überhaupt die Strafen im Scheyrer Knabenseminar! »An die Säule!«, konnte da plötzlich Pater Placidus im großen Studiersaal ausrufen: »Baumgartner an die Säule!« Und der Delinquent nahm sein Lateinbuch in die Hand, ging zur tragenden Mittelsäule des »Musäums«, wie der gemeinsame Studiersaal hieß, kniete sich auf den groben Fußboden und lernte seine Vokabeln nun kniend weiter. Manchmal knieten da gleich vier und fünf schwatzhafte Studentlein, während die Braven, die nicht Aufgefallenen, an ihren Pulten stehend lernen durften. Knien oder stehen hieß es meistens. Die Stühle waren fast überflüssig. Man benützte sie nur in der »Libera occupatio«, in der »Freizeit«, die aber schlechtere Schüler auch zu Studienzwecken zu nützen hatten, während die anderen lesen oder Briefe schreiben durften. Wer Liberaverbot hatte, mußte selbstverständlich vor seinem Pulte stehen. Libera war meistens geboten während der letzten halben Stunde der Studierzeit, d. h. halb sieben bis sieben, also vor dem Abendessen. Hatte man die Schule schon vorzeitig aus, verbrachte man die Zeit bis zur Mittagstafel ebenso mit einer libera occupatio. An den Vigilien oder Vortagen von hohen Festtagen wurde von der Studierzeit noch eine zusätzliche halbe Stunde »stille Freizeitbeschäftigung am Studierpult sitzend« gewährt. Ganz gewöhnliche »laute« Freizeit war selten. Nach der mittäglichen Adoration eine Viertelstunde vielleicht, bis man sich zum gemeinsamen Spielplatz oder Spaziergang aufzustellen hatte. Ähnliche wenige kostbare Minuten sprangen nach dem Nachmittagskaffee heraus zwischen vier und fünf Uhr. Es sei denn, man hatte da gerade eine Klavier-, Violin- oder Cello-Übungs- oder Lehrstunde. Von fünf Uhr bis sieben Uhr jedenfalls stand man wieder vor dem Studierpult. – Zu Baumgartners Zeiten war auch noch nachmittags Unterricht.

So war die Zeit bis auf die letzte Minute eingeteilt. Nach dem Abendessen war nicht selten eine Andacht, eine Musikprobe, Chorprobe, Theaterprobe oder irgend ein Vortrag eines durchreisenden Missionars oder eine Plauderstunde mit einem sonstigen Besucher, oft allerdings auch Freizeit. Hatte man eine wichtige Schulaufgabe, wurde ohnehin noch gearbeitet, was jedoch nicht gern gesehen wurde vom Hochwürdigen Herrn Präfekten. Um halb neun spätestens klingelte es zur »geistlichen Lesung«. Die Biographie eines Heiligen wurde vorgelesen. Anschließend ging es zum gemeinsamen Abendgebet in die Seminarkapelle. Von jetzt ab war bis zum Frühstück ununter-

brochenes Silentium geboten. Wehe, wer im Schlafsaal
geschwätzt hätte! Oder im Waschraum, bei den Schränken,
auf den Treppen, in den Gängen! Er hätte den »Korbinian« bekommen. »Zum Hl. Korbinian gehen«, hieß
fasten müssen, während die anderen im Speisesaal ihre
Hauptmahlzeit verspeisten. In der Nische des Speise-
saals stand nämlich die Statue des Freisinger Diözesan-
patrons Korbinian. Hatte ein Zögling etwas ausgefressen,
wurde er nach der Suppe durch ein Glockenzeichen und
durch Ausrufung seines Namens vom Tische des Herrn
Seminardirektors aus zum Fasten verurteilt. »Zum Fasten
sind verurteilt: Holzer, Meingast und Baumgartner.« Der
Delinquent hatte sich unverzüglich in die Nische zur Figur
des Hl. Korbinian zu begeben und dort sich niederzu-
knien. Alle anderen Buben im Speisesaal ließen sich das
Hauptgericht schmecken. Der Sünder mußte seine Fasten-
buße ertragen. – Die übrig gebliebenen Portionen bekamen
– ebenso durch Aufruf vom Direktionstisch her – besonders brave Zöglinge als Zugabe. Der Korbinian war in
Scheyern die strengste Strafe. Auch Joseph Baumgartner
soll ein paarmal haben fasten müssen. – Aber welcher
Scheyrer hat den Hl. Korbinian nicht gekriegt? Vielleicht
der Zögling Alois Hundhammer nicht?

Möglicherweise rührt die mangelnde Herzlichkeit in der
Sankt-Korbiniansverehrung in der Erzdiözese München–
Freising von jener Scheyrer Fastenstrafe her, welche die
zukünftigen Priester in ihrer Knabenzeit erdulden
mußten.

Wer in Scheyern nicht Latein lernte, hätte es auch in
Rom nicht gelernt. Aber auch in den übrigen Wissenschaften tat man sich auf den Scheyrer Ausbildungsstand etwas
zugute. Unbesorgt sahen die Schüler des Privatgymna-
siums der Freisinger Übertrittsprüfung entgegen, obschon

der dortige Oberstudiendirektor Dr. Bernhard Lindmeyr ein gefürchteter Rex gewesen ist. Er stammte aus Berg am Laim und war selber Scheyrer Lateinschüler gewesen. Baumgartner sollte unter seiner Strenge und Klaßleitung im Schuljahr 1924/25 im Freisinger Domberg-Gymnasium das Abitur machen.

Gegen Ostern des Jahres 1921 bewegte sich eine seltsame Leiterwagenkolonne von Scheyern über Hohenkammer nach Freising. Die Wägen waren geschmückt und voll mit Gepäck beladen. Dazu saßen auch noch etliche zwanzig angehende Sechstklässler auf den Brettern, sangen Studentenlieder und fühlten sich wie Absolventen. Die Bauern waren den Aufzug schon gewohnt. »Dös san die Scheyrer Studenten, die auf Freising fetzn.« – Immer wieder stimmten sie ein gemütvolles Abschiedslied an und setzten gleich darauf ein abenteuerlustiges Wanderlied. Die gemütliche Fahrt dauerte gut einen halben Tag. Hier und da mußten die Pferde rasten oder es war ein verbotenes Wirtshaus in der Näh, daß es schnell zu siebt für eine Stehmaß reichte. Es war eine herrliche, romantische Fahrt, dieser Umzug von der Strenge Scheyerns in die altehrwürdige Bischofsstadt Freising und auf den dortigen mons doctus. Auf diesem Domberg würden in neun Jahren die Glocken zur Priesterweihe läuten! – Aber noch fühlte man sich als glücklicher Studiosus der Scheyrer absolvia minor 1921. – Und die Übertrittsprüfung bestand man im Schlaf.

Die Scheyrer Jahre blieben dem späteren bayerischen Landwirtschaftsminister unauslöschlich in der Erinnerung. Der benediktinische Anfang seiner Bildung haftete ihm zeitlebens an und gab auch seinem Wesen einen »barockbayerischen« Charakterzug. Stets blieb er tolerant und gelassen – und das will bei der Heftigkeit seines Temperamentes etwas heißen! Man könnte das an Beispielen erhärten, auch im Umgang mit den gemäßigten Föderalisten, mit schon fast Zentralisten. Er sprach zum Beispiel 1950 noch – nachdem er ein Jahr zuvor das Bonner Grundgesetz abgelehnt hatte – in seinem Artikel »Bayern in Deutschland und Europa« von einer »echten demokratischen Neugestaltung des deutschen Lebens unter Wahrung des Subsidiaritätsprinzips in einer Demokratie von unten nach oben«. Und wie oft hat er in Versammlungen ausgerufen: »Gerade ich, der Chef einer Heimatpartei, habe ein Herz und ein Verständnis für die Heimatvertriebenen.«

Benediktinische Toleranz hat sich immer auch geziemend liberal gegeben: Gebildet, herzlich und gelassen. Man stand ja auf festem Boden, bewegte sich auf den Spuren der Väter, in den vestigiis patrum. In Scheyern waren diese Spuren überaus deutlich und schön. Prächtige Gottesdienste, Pontifikalämter und -Requien wurden da in der Klosterkirche vom Hochwürdigsten Herrn Abt unter feierlicher Assistenz der Mitbrüder, des Knabenchors, der Orgel, des Orchesters und des guten Kirchenchores zelebriert. Gedenktage wurden begangen, hohe Besucher des Königshauses festlich empfangen, Priester- und Abtjubiläen gefeiert. Ganz große Ereignisse in Scheyern waren die alljährlichen Namensfeste Seiner Majestät des Königs und Ihrer Majestät der Königin. Auch in den letzten Kriegsjahren ging noch alles nach dem bewährten Protokoll des Festkalenders, trotz der immer zahlreicher werdenden Kriegergottesdienste. Sogar das letzte Kriegstrimester, während der Herbstmonate September–Oktober–November 1918, verzeichnet der Jahresbericht die überkommenen Ereignisse. Joseph Baumgartner ging damals in die dritte Klasse, er war vierzehn Jahre alt. »Ich habe 1918 abends im Bett geweint, als die Monarchie gestürzt wurde«, bekannte er 30 Jahre später, im November 1948, bei einer Wahlrede in Memmingen.

In Scheyern also verlief der Herbst 1918 noch benediktinisch-bayerisch-zeremoniös: Der feierliche Anfangsgottesdienst des Schuljahres 18/19 und die Verlesung der Statuten fanden am 15. September statt. Am gleichen Tag brach die mazedonische Front zusammen, und trotz des Erfolgs englischer, kanadischer, australischer und französischer Divisionen bei St. Quentin gestand sich die Reichsregierung den verlorenen Krieg noch nicht ganz ein. Zudem war das deutsche Heer von einer Grippeepidemie erfaßt.

Am 19. September feierte der Hochwürdigste Herr Abt von Scheyern den 45. Jahrestag seiner Priesterweihe. Die Zöglinge des Gymnasiums wohnten der bescheidenen Pontifikalmesse bei. Am 24. September – die Reichsregierung wünschte Friedensverhandlungen mit den Alliierten auf der Grundlage des Status quo, bekam aber keine Antwort –, an diesem 24. September 1918 also feierte Abt Rupert III. Metzenleitner seinen Namenstag. Aus diesem Anlaß hielt der Abtpräses der bayerischen Benediktinerkongregation, Abt Sigisbert von Schäftlarn, ein feierliches Pontifikalamt, dem auch der Abt von München-St. Bonifaz und Andechs, Gregor, beiwohnte. In derselben Woche noch, am 29. September, wurde in der Scheyrer Stiftskirche nochmal ein solenner Gottesdienst gehalten – zu Ehren des Hl. Erzengels Michael, des Namenspatrons Seiner Excellenz, des Erzbischofs von München und Freising, Michael von Faulhaber. Abends gab es für die Zöglinge einen Umtrunk. – In diesen Tagen warf Ludendorff[7] das Handtuch und Reichskanzler Graf Hertling trat am 30. September zurück. Am 3. Oktober wurde Prinz Max von Baden[8], dessen liberale und friedenswillige Gesinnung bekannt war und der auch dem Gegner als Verhandlungspartner zugemutet werden konnte, zum neuen Reichskanzler ernannt. Ins neue Kabinett traten erstmals Sozialdemokraten als Staatssekretäre ein. Das deutsche Waffenstillstandsangebot ging über die Schweiz nach Washington. Da traf am 11. Oktober in der Scheyerer Stiftskirche der alljährliche Gedenktag für weiland den zuletzt verstorbenen bayerischen Monarchen, für König Otto. Der Abt hielt ein feierliches Requiem samt Libera.

Am 15. Oktober – die k. und k. Monarchie Österreich–Ungarn löste sich in souveräne Nationalitätenstaaten auf und Wilson erkannte die Tschechoslowakei und Jugoslawien sogar als alliierte Staaten an –, an diesem 15. Oktober hielt der Hochwürdigste Herr Abt Rupert aus Anlaß des hohen Namensfestes Ihrer Majestät der Königin Maria Theresia, einer geborenen Erzherzogin von eben diesem sich gerade auflösenden Österreich–Ungarn, ein feierliches Pontifikalamt. Und da Ihre Majestät gerade krank waren, betete man auch besonders für ihre baldige Genesung. Abends Umtrunk. – Noch während desselben Schuljahres, am 12. Februar 1919, wurde für die hohe Verblichene in der Stiftskirche ein feierliches Pontifikalrequiem abgehalten. Und am 28. Februar – in München schickte sich die Räteregierung allmählich zur Schlacht bei Dachau an, in deren Verlauf dann auch noch Scheyern als Aufmarschgebiet der »Weißen« eine kleine Rolle spielte –, am 28. Februar 1919 also beging man in Scheyern den Todestag weiland König Ludwigs I., des Wiederherstellers des Klosters. Wieder kredenzte man zur Feier des Tages einen Abendtrunk. Am 30. März desselben Jahres konnte dann der Hochwürdigste Herr Abt in voller Rüstigkeit seinen 70. Geburtstag feiern. Es heißt zwar im

Jahresbericht, daß in Anbetracht der Zeitverhältnisse von größeren Feierlichkeiten abgesehen werden mußte, daß aber doch wenigstens ein feierliches Pontifikalamt zelebriert wurde, daß die Festpredigt der Direktor des Freisinger Klerikalseminars Dr. Schauer hielt, der nachmalige Weihbischof, daß in der festlich geschmückten Turnhalle die Zöglinge einige Aufführungen zu Ehren des Jubilars in Szene setzten mit Chören, Gedichten und dem Orchester garniert, halt fast so, wie dergleichen Jubiläen seit Jahrhunderten gefeiert werden in bayerischen Abteien. – Und die Zöglinge genossen bei jeder Festlichkeit einen Abendtrunk, meistens in Bier, selten in Wein. Die Kosten für diesen Abendtrunk wurden in den Nebenausgaben für jedes Trimester eigens angeführt. Joseph Baumgartner hat diese Scheyrer Rechnungen alle fein säuberlich aufbewahrt – auch noch als Minister. Die Zettel haben alle Papierkriege überstanden. Der Abendtrunk im 1. Trimester des Schuljahres 1918/19 macht nur 14 Pfennige aus. Derselbe Posten erscheint im 2. Trimester desselben turbulenten Schuljahres, nach Weihnachten, in einer Höhe von 1 Mark und 65 Pfennigen. Das Haarschneiden bleibt bei 20 Pfennigen. Für Violinsaiten werden 2 Mark 13 berechnet. Das Reisegeld ist meist mit 3 Mark 20 ausgewiesen, die Schusterkosten mit einem Fuchzgerl, die Apothekenausgaben mit 1 Mark 90 usw. Vom 1. Trimester 1917 bis zum letzten Tag 1921 hat er die »Studienkosten in Scheyern« alle säuberlich aufbewahrt. Der Geruch der Verehrung und der Dankbarkeit gegenüber seinen hart arbeitenden Eltern und Geschwistern scheint mir an diesen aufbewahrten Zetteln zu kleben. Und wahrscheinlich auch ein anhängliches und treues Gedenken an Kloster Scheyern.

Patriotische Erlebnisse stellen die Besuche von Mitgliedern des Königshauses in Scheyern dar. Kronprinz Rupprecht beehrte das Stift wiederholt mit seinem Besuch, desgleichen die Prinzen Leopold und Arnulf u. a. kgl. Hoheiten, auch Prinzessinnen. Mit einem Wort: In Scheyern war man dem bayerischen Königshause immer nahe. Um so trauriger machte der Sturz des angestammten Herrscherhauses die Wächter an der Wittelsbacher Gruft. Der Abt war betrübt, die Patres seufzten. Der vierzehnjährige Gütlerbub aus Sulzemoos hat gar heiße Tränen vergossen in jener erschütternden Novembernacht 1918.

Etliche Wochen später standen sich in nächster Nähe Scheyerns die Weißen und die Roten mit ratternden Maschinengewehren gegenüber. Die Weißen lagen nördlich und die Roten südlich der Straße von Scheyern nach Ilmmünster. Die Zöglinge konnten erst am 12. Mai 1919 – nicht wie vorgesehen, schon am 28. April – einpassieren.

Die Welt der Laien war profan geworden in der nun anbrechenden Epoche der Republik. Bei den Wächtern an der uralt-bayerischen Königsgruft wurden die Traditionen in den hergebrachten Zeremonien weiter gepflegt. »Niemand litt unter den politischen Wirren so sehr wie Abt Rupert III. Metzenleitner mit seinem königstreuen Herzen und mit seiner dankbaren Gesinnung gegen die Wittelsbacher, denen Scheyern alles verdankte«, schreibt Pater Anselm, der Direktor, in einem ehrenden Nachruf. Sein 25jähriges Regierungsjubiläum wird ein solennes Fest. Der Generalvikar der Erzdiözese, Michael Buchberger, zelebriert ein Pontifikalamt; Weihbischöfe und Äbte sind anwesend und nachmittags zum Fest-Cafe werden die durch Sonderboten eingetroffenen Lichtbilder von der Kardinals-Kreierung des Erzbischofs Michael von Faulhaber durch Papst Benedikt XV. von Domkapitular Schauer persönlich vorgeführt. Bald darauf kommen Seine Excellenz, Nuntius Eugenio Pacelli und der Abtprimas der Benediktiner in Rom, Freiherr von Stotzingen, nach Scheyern zur Gratulation. Das Seminar führt eine eigens komponierte musikalische Deklamation auf. Wenige Wochen später läuten die Totenglocken. Scheyerns Abt Rupert zelebriert unter Tränen ein Pontifikal-Requiem für Seine in Ungarn verstorbene Majestät Ludwig III.

Wieder etliche Wochen später singt der patriotische, vornehme Abt Rupert abermals ein feierliches Pontifikalrequiem in der Scheyrer Stiftskirche. Diesmal trauert die Welt um Papst Benedikt. Der Hochwürdigste Herr Abt war zum letzten Male in pontificalibus am Altare gestanden. Drei Tage später warf ihn eine Lungenentzündung aufs Krankenlager. Sein Pontifikalrequiem sang am 25. Februar Seine Eminenz, der Hochwürdigste Herr Kardinal Michael von Faulhaber. – Scheyern blieb Scheyern! Auch in den Jahren nach der Revolution.

Ehe Joseph Baumgartner übrigens mit seinen 37 Mitschülern — überwiegend Arbeiter- und Bauernbuben — ins Freisinger Knabenseminar übersiedelte, um sich der dortigen Aufnahmeprüfung zu unterziehen, erlebte er noch einen feierlichen Gottesdienst in der Stiftskirche: Ein Lobamt zum Gedächtnis des 100. Geburtstages Seiner Kgl. Hoheit weiland des Prinzregenten Luitpold, des Königreiches Bayern Verweser, am 12. März 21. –

Das Schuljahr beginnt jetzt in Bayern nicht mehr im Herbst – wie seit Jahrhunderten – sondern, nach norddeutscher Manier seit 1921, nach Ostern!

Auch die Inflation schreitet spürbar fort. »Laut oberhirtlicher Entschließung«, heißt es im Scheyrer Jahresbericht, »wird im nächsten Schuljahr das Kostgeld 2400 Mark betragen.« Bisher hatte man nur 400 Mark genommen.

»Am 1. Juli beehrte Seine Kgl. Hoheit Kronprinz

Rupprecht von Bayern, begleitet von Baron v. Soden[9], Regierungspräsident von Kahr[10] und Oberregierungsrat Mayer von Pfaffenhofen Kloster Scheyern mit einem kurzen Besuch. Sinnend stand der Wittelsbacher an der Gruft seiner Ahnen. Während er eine kleine Erfrischung zu sich nahm, sangen die Zöglinge patriotische Lieder.«

Aber diesen hohen Besuch erlebte Joseph Baumgartner nicht mehr. Er war seit Mai bereits Zögling des erzbischöflichen Knabenseminars auf dem Domberg in Freising.

Freising

Die Jugendzeit-Kapitel müssen in einer Biographie immer die umfangreichsten sein, denn was wir sind, verdanken wir anderen, danken wir den Eltern und Erziehern und nicht am wenigsten den Ereignissen unserer frühen Jahre. Aber auch das Milieu ist entscheidend. Wer vier Jahre in Scheyern geformt worden ist von den Benediktinern und dann noch einmal fünf Jahre auf dem uralt-heiligen mons doctus zu Freising hat heranreifen dürfen, der hat eine bayerisch-geistig-geistliche Prägung bekommen für seiner Lebtag. Sieht man doch auch beim lieben Vieh im Herdebuch zuerst auf den Namen des Stalles und dann auf die Eltern!

Der Freisinger Domberg war – ehe er bischöfliche Residenz geworden – herzoglich-bayerische Residenz. Der Heilige Korbinian kam an den Hof Herzog Grimoalds, wo er in der Herzogsburg auf dem Domberg bereits eine Marienkapelle vorgefunden hat. Darum hat Freising in der bayerischen Geschichte eine noch ehrwürdigere Tradition als selbst Scheyern, es reicht bis zu den ersten bayerischen Herrschern zurück, bis zu den Agilolfingern. Auch umfaßt die Freisinger Erzdiözese das Hauptstück Altbayerns samt der bayerischen Hauptstadt. – Und erst dieser Domberg mit der ehemaligen fürstbischöflichen Residenz, die nun als Klerikalseminar dient! Dieser rechteckige Domplatz mit dem großen Bischof Otto von Freising, dem hochmittelalterlichen Geschichtsschreiber und Onkel Kaiser Friedrich Barbarossas in der Mitte präsentiert ein Stück bayerischer Kirchengeschichte. Die zwei dicken Domtürme mit ihrem schweren Geläut, besonders der eine mit der

48

tiefen wuchtigen Korbiniansglocke überstehen die Stürme der Jahrhunderte. Diese Türme ziehen nach oben, obwohl sie Wucht und Schwere haben und gar nicht einmal so hoch sind. Sie schieben die Seele mit der Schubkraft moderner Raketen in den Himmel hinauf. Welch ehrwürdige Gebäude säumen diesen Domplatz! Neben der romanisch-gotisch-leichtbarocken Domfassade die gotische St. Johanniskirche, die Renaissancefront der Residenz und daneben das sich lang hinziehende und aufgestockte Marstallgebäude, das berühmte Domgymnasium mit der Philosophisch-Theologischen Hochschule.

Der Domberg hat noch mehrere Höfe und Tore und Gebäude. Das fürstbischöfliche Hofbräuhaus und etliche Domherrnwohnungen. Die Reste des ehemaligen Chorherrnstiftes Sankt Andrä, an dessen Stelle sich das erzbischöfliche Knabenseminar mit dem freundlichen Lichthof ausbreitet. – Dieses Gebäude wurde dem Joseph Baumgartner nun für weitere vier Jahre zur Heimat.

Es war da alles um eine Nuance moderner, wärmer und kompakter als in dem weitläufigen Scheyern. Der Lichthof hatte Arkaden und hinter den Gängen derselben lagen im ersten Geschoß die Studiersäle, im zweiten die Schlafgemächer, im Parterre Speisesaal und Theatersaal und auf der Westseite die in den ersten Stock durchbrechende Hauskapelle. Im Keller gab es noch Badekabinen, eine Bäckerei und eine große Küche. Die Pforte wurde vom Hausdiener bewacht. Als Hausfrauen wirkten Mallersdorfer Schwestern unter einer Oberin, die ohnehin den Spitznamen Mutti hatte. Die 160 bis 200 Zöglinge aber wurden von jungen Weltpriestern gezähmt und beaufsichtigt, von den Hochwürdigen Herren Präfekten. Das waren ausgewählte Persönlichkeiten, nicht selten eben von Rom, vom Germanicum, zurückgekehrte Theologen, die in der Hierarchie der Kirche zu den schönsten Hoffnungen berechtigt waren. Aber nichts Gewisses wußte man nicht und manchmal wurde aus so einem jungen Knabenseminarpräfekten halt doch bloß ein kleiner Bauernpfarrer und kein Domdekan.

Geistliche Betreuer und Beichtväter waren die Präfekten weniger. Auch nicht der Herr Direktor. Da gab es eigens den Hochwürdigen Herrn Pater Spiritual, einen Jesuiten. Er bestimmte zum Teil das geistliche Klima. Fast ein Menschenleben lang war das in Freising P. Eugen Schmid S. J. Er war auch Baumgartners Seelenführer und Beichtvater gewesen. Und der P. Schmid gehörte noch zur Generation jener Jesuiten, die zu allererst geistliche Brüder des hl. Aloysius gewesen sind und von den jungen Gymnasiasten nichts mehr begehrten als die absoluteste Reinheit. Dabei verstand er unter Reinheit natürlich nicht ein tägliches frisches Bad oder bloß saubere Fingernägel und gewaschene Hände, sondern die »Reinheit der Herzen durch bedingungsloseste Keuschheit«. P. Eugen sprach in vielen Vorträgen und Ansprachen ganz offen von der »schweren Sünde der Selbstbefleckung«, tadelte vor allem das Wach-im-Bett-Liegen mit den Händen unter der Decke, das Berühren »unkeuscher Körperteile«, das Denken an unkeusche Versuchungen usw. Vor den Ferien besonders sprach er immer von der Zucht der Augen. »Ein angehender Priester muß seine Augen unbedingt in strenger Zucht halten, besonders wenn Frauenspersonen oder junge Mädchen – die eigenen Schwestern nicht ausgenommen – einem plötzlich begegnen.« Wer in den Augenblicken der Versuchung seinen Blick nicht demütig zu Boden senke und Stoßgebete spreche, besonders den hl. Aloysius nicht um Beistand anflehe, der setze seine Berufung zum hohen Priesteramte einer ernstlichen Gefahr aus! Dagegen waren die Ideale der marianischen Studentenkongregation noch weltoffen zu nennen! Manchmal erzählte P. Eugen auch von den asketischen Übungen leuchtend reiner Heiliger, ja gar von deren Selbstkasteiungen. Wie sie sich gegeißelt, wie sie sich um einer noch größeren Tugend der Keuschheit willen jeden Genuß, selbst das Bett und den Schlaf, versagt hätten.

P. Eugen Schmid zeigte sich überall den Knabenseminaristen als glänzendes Vorbild der Reinheit, der Askese und der Selbstabtötung. Kam man frühmorgens in die Kapelle, kniete er oft auf dem bloßen Boden mit stramm gefalteten Händen, tief im Gebet versunken. Essen sah man ihn kaum, lachen auch nicht, obzwar er nicht selten von der Fröhlichkeit eines reinen Herzens sprach und daß ein Heiliger niemals ein trauriger Heiliger zu sein brauche, obschon der hl. Alphons einmal, in den ersten April geschickt, wegen der »Lüge« seines Freundes traurig gesagt haben soll, ohne aufzuschauen: »Lieber glaub ich, daß ein Ochs fliegt, als daß ein Christ lügt.«

Im Beichtstuhl konnte man von ihm gelegentlich den Trost erhalten, daß, wer in dem Punkt gesündigt habe, doch daran denken möge, wie demütigend gerade diese Sünde sei und diese Demut und Niedergeschlagenheit froh mit in seine Buße einbeziehen solle. Schrecklich malte er die frühen Rückenmarksleiden der gefallenen jungen Leute aus. Da konnte er etliche sogar beim Namen nennen, die seine eigenen Mitschüler gewesen sein sollen. Und angefangen habe es bei denen auch immer mit dem Wach-im-Bett-Liegenbleiben in der Früh.

P. Eugen also war der Seelenführer auch von Joseph Baumgartner in dessen Freisinger Seminarjahren. Man mußte ein gesunder Sohn aus dem Dachauer Hinterland sein, wenn man da sich keine schwere Neurose zuzog und dem Seminar mit einundzwanzig den Rücken kehrte. Viele waren so gesund, denn es gingen auch aus dieser Schule einige brauchbare Priester hervor. Wer eine dicke Haut hatte und keinen zu sensiblen Charakter besaß, konnte seelisch überleben. Die Innigen und Überfrommen gingen zugrunde und waren ein Leben lang zölibatsgeschädigt, wenn sie nicht – wie Joseph Baumgartner – alsbald die Kutte hingeworfen haben. – Und auch denen blieb ein gewisser charmanter Zölibatessen-Wahn erhalten. Man darf auch die Tugend der Keuschheit nicht übertreiben! P. Eugen selbst übrigens wurde fast neunzig Jahre alt und ist erst um 1970/71 gestorben. Dabei war er gewiß ein feiner, begabter Mensch, hochmusikalisch, ein guter Organist.

Wie wohltuend wirkte da die benediktinische Großzügigkeit Scheyerns gegen diese jesuitische, spanische Strenge Freisings! Das Ideal der Keuschheit und Reinheit hatte in der ersten Hälfte des 20. Jahrhunderts seinen Höhepunkt erreicht. Typische Repräsentanten dieser einseitigen Erziehung waren die Priestergenerationen der Weihejahre zwischen 1900 und 1950. Der spätere bayerische Vollblutpolitiker hat vier Jahre lang zu einer solchen Klerikergeneration gehört. – Nein, Joseph Baumgartner hatte keinen leichten Sinn! –

Die ausgiebigsten Recherchen im Leben des Ministers und Parteivorsitzenden haben keinen Frauenskandal aufspüren können. Baumgartner war ein treuer Ehemann und im Übereifer seiner Arbeiten und Termine mangelte es oft an Zeit für sein Familienleben. Er stand mit Büchern und Zeitungen auf und ging mit Büchern zu Bett. Er war ja nicht nur ein leidenschaftlicher Politiker, er war auch ein nimmermüder Professor, hielt gewissenhaft seine Vorlesungen, regte unzählige wissenschaftliche Arbeiten an, machte unermüdlich Notizen und schrieb Anmerkungen selbst an den Rand seiner jeweiligen Lektüre. Rastlose Tätigkeit, gewissenhafteste Pflichterfüllung, das lehrte ja schon der Freisinger Jesuiten-Spiritual, wären die nachhaltigsten Mittel zu einem gottgefälligen Lebenswandel. – Es ist nichts an den Gerüchten, die seine politischen Gegner von seinem »sittlichen Lebenswandel« mit vorgehaltener Hand herumerzählten und noch erzählen, er habe gern getrunken und hier und dort rasch ein Verhältnis unterhalten. Einem entsprechenden Hinweis z. B. des Herrn Landtagspräsidenten bin ich nachgegangen und er stellte sich als völlig haltlos heraus.

Zwischen dem siebzehnten und einundzwanzigsten Lebensjahr präge sich der Charakter des Mannes, pflegte einer der Präfekten Baumgartners zu sagen. Der Direktor des Knabenseminars war zu seiner Zeit der gutmütige, ja der herzensgute Abele gewesen. Seine Milde wurde manchmal mißbraucht. Einige der jungen Herrn entfernten sich – eigentlich höchst selten – ohne Erlaubnis und pilgerten geschwind nach Weihenstephan, um ein oder zwei Glas Bier zu trinken. Alle Mitschüler wissen es noch genau, wie an einem Samstag der »Bami«, anstatt daß er in den Dom hinüber zur Beichte gegangen wäre, zum Lindenkeller gelaufen ist und nach dem »Zechgelage« dann gerade noch rechtzeitig und unauffällig zur angesetzten Akademie erscheinen konnte. »Akademie« hießen die Übungen der Oberklassen in der freien Rede und Gegenrede. Kaum hatte der Referent geendet, erhob sich Baumgartner und stieß mit Vehemenz diesen Satz hervor (den alle Mitschüler heute noch wörtlich zitieren können): »Ich wage mir diese Kritik umzustößen«. – Ein heutiger Hochwürdigster Herr Prälat pflegt die Erzählung mit den Worten weiterzuführen: »I hab eahm glei zruck grissen und hab

eahm zuagwispert: Bleib hocka, Bami, und halt dein Mäui,
du bringst uns ja auf, daß ma z'Weihenstephan gwen san!«
Woraus man wieder sieht, daß der P. Spiritual in den gesunden Gemütern doch nicht allzuviel Schaden hat anrich-
ten können.

In den noch unruhigen Jahren 1921 bis 1923, vor allem
bis zur Einführung der neuen Rentenmark, waren die Lebensmittel arg rar. Aber im Knabenseminar hielt man etliche Schweine in dem kleinen Hof zwischen dem Seminar-
gebäude und dem Häuschen des hochgelehrten Kunst- und
Kirchenhistorikers Professor Dr. Josef Schlecht. Und daß
diese Schweine in der unsicheren Zeit nicht gestohlen würden, richtete man eine aus den Zöglingen der Oberklassen
bestehende Wachmannschaft ein, die »Saugarde« oder
Eumaia, nach Eumaios, dem treuen Sauhirten aus dem
Homer. Einige Seminaristen der damaligen Zeit erzählen
nun, Bami sei wenigstens zeitweise der Capo dieser Schutz-
truppe gewesen, andere wieder wollen wissen, es habe die
Eumaia gar keinen Hauptmann gehabt, konzedieren aber,
daß der sich leicht begeisternde Baumgartner ein besonders eifriger Saugardist gewesen sei. – Um diese Zeit
wurde Professor Schlecht in den Prälatenstand erhoben
und mußte mit seinem neuen roten Talar sich zum ersten
Mal bei dem eben in Freising anwesenden Kardinal vorstellen. Der würdige Gelehrte verließ sein mittelalterliches
Domherrnhäuschen, durchschritt den Hinterhof des Knabenseminars, wo der kleine Saustall war, und wurde von
den Bewaffneten der Eumaia mit einem »Habt acht!«
stramm begrüßt.

Auch in Rom muß die Schweizergarde vor einem Prälaten den »Servus« reißen. Man hatte in Freising einen Sinn
für Zeremonien. Der Hochwürdigste Herr Prälat in seinem roten Talar hat mit der beringten und behandschuh-

ten päpstlichen Hausprälatenhand vornehm-leger zurück-gegrüßt und den jungen Gardisten gedankt. Sie haben eben fast auch alle einen Spaß verstanden auf dem Domberg, die Würdenträger und die Studenten: Ein bißerl Gaudium, ein bißerl Würde, ein bißerl Achtung und ein bißerl Herzlichkeit, das sind die gedeihlichen Zutaten barocker Zeremonien in Bayern. Sogar die Frömmigkeit kann eine Prise Humor vertragen. Aber das ist ein großes Geheimnis, das wir nicht verraten dürfen, wo es um die Verherrlichung Gottes geht.

Die Frömmigkeit Joseph Baumgartners war echt. Es ist ergreifend und großartig zugleich, wie er in seinen politischen Reden später auch das Gebet miteinbezieht, besonders in den Schlußformulierungen. In seiner berühmten Passauer Rede vom 7. September 1947, als auch in Bayern Millionen Menschen vom Hungertod bedroht waren, beschwor er, der Minister für Landwirtschaft und Ernährung, die Bauern, seine Bauern: »Bei Jesus Christus, dem Gekreuzigten, beschwöre ich Euch, sorgt für unsere Kinder und Frauen in den Städten, die am Verhungern sind. Und das Ausland beschwöre ich bei Christus dem Gekreuzigten, unserem armen deutschen Volke zu helfen!«

Wie gehässig haben später Journalisten und ehemalige Parteifreunde – nach seinem im Januar 1948 erfolgten Übertritt in die kleine Bayernpartei – gerade diese Exclamation aus tiefster Not als »scheinheiligen, dummen Bauernfang eines berechnenden Demagogen, der in seinen Wahlreden selbst vor der Anrufung des Gekreuzigten nicht halt mache«, hingestellt! (Wie ein klerikales Blatt sich ausdrückte!) Als ob für Baumgartner, den ehemaligen Zögling von Scheyern und Freising, es nicht selbstverständlich gewesen wäre – und das zeitlebens –, »daß es in allem Christus zu verherrlichen gelte und vor allen Ihn zu bekennen!« – In seinen handschriftlichen Notizen findet sich hier und da ein Hinweis auf eine immer noch lebendig gebliebene Frömmigkeit, z. B. apologetische Glossen zur Verteidigung der Bibel in entwicklungsgeschichtlichen Büchern. Die Patrona Bavariae hat er mit dem Pathos des großen Redners, des sich und andere begeisternden Patrioten, in gar manchen Versammlungen angerufen, die Schutzfrau Bayerns, die dies und jenes niemals zulassen werde. Er war ein guter Redner, hatte eine kräftige und klingende Stimme. Er sprach deutlich und mit Leidenschaft. Besonders das Finale seiner Reden brachte ein tableau. Jetzt steigerte er sich noch einmal, und zum patriotischen Pathos gesellten sich die Register des Kanzelredners: »... Gehen Sie hinaus als die Apostel Bayerns von Familie zu Familie, von Dorf zu Dorf! Dann wird die Zeit kommen, in der wir wieder das schöne Gebet beten werden:

Gott mit uns, dem Bayernvolke,
Daß wir unsrer Väter wert,
Fest in Eintracht und in Frieden
Bauen unseres Glückes Herd.
Daß das Land im Bund der Länder
Gläubig in die Zukunft schau!
Und den alten Ruhm bewahre
Unsres Banners weiß und blau!«

Und wenn darauf eine anwesende Blaskapelle die Bayernhymne intonierte, dann erhoben sich alle Versammelten von den Plätzen. Unter allen Parteiversammlungen der so einfach und zwanglos und unansehnlich sich gebenden armen Nachkriegszeit hatten die Auftritte Professor Baumgartners noch am ehesten wieder ein Gesicht und eine repräsentative, staatspolitische Würde.

Sein markanter Kopf, den er – so es die Würde der

Stunde und seine eigene innere Erregung erforderten – trotz des kurzen Halses sehr hoch trug, energisch und pathetisch-entschlossen zurückgeworfen, zeigte eher ein mildes und freundliches Gesicht. Die blitzgescheiten Augen hinter der Brille blickten für einen Politiker viel zu vielseitig interessiert in die Welt. Die hohe Stirn, die zurückgekämmten Haare, die Ebenmäßigkeit der Mund- und Nasenpartie malten in das Gesicht eine helle Freundlichkeit. Ähnlich geht es einem beim Studium seiner Handschrift, schon der erste Eindruck erweckt Sympathie. »Wenn man nicht wüßte, daß er Politiker ist, würde man ihn für einen Dichter halten«, schreibt schon 1947 ein österreichischer Journalist. Vielseitig deutbar ist Baumgartners Physiognomie. Der Künstler und der Gelehrte wird sichtbar, der verbindliche Versicherungskaufmann und der hohe Staatsbeamte. Müßte man auf einen Handwerker raten, käme am ehesten ein Schneider in Frage. Aber auch ein Deut von einem Priester ist auszumachen, nicht zuletzt wegen der ausstrahlenden »Reinheit«.

Sein politisches Bekenntnis war das »föderalistische Prinzip«, durchaus gut christlich, römisch-katholisch und evangelisch. »Nicht die Wirtschaft, nicht der Mensch und nicht das Volk, das Blut und die Rasse, sondern ein persönlicher Gott steht im Mittelpunkt unseres kurzen Daseins. Das Ebenbild dieses persönlichen Gottes ist der Mensch und dieser Mensch muß nach dem Naturrecht frei sein und niemand hat das Recht, den Menschen in seiner Freiheit zu beschränken. Das ist die christliche Staatsauffassung vom Naturrecht. Und das ist die weltberühmte Lehre vom Subsidiaritätsprinzip aus der Enzyklika ›Quadragesimo anno‹ Pius' XI. vom Jahre 1931. Und dieses Subsidiaritätsprinzip besagt, daß kein höheres Gemeinwesen einem kleineren Gemeinwesen Rechte beschneiden kann, wenn das kleinere Gemeinwesen seine Aufgaben selbst erfüllen kann ...«

Dieses Bekenntnis zum »Subsidiaritätsprinzip« und daraus abgeleitet der politische Wille nicht einmal zu einem bayerischen Separatismus, sondern sogar zu einem deutschen Föderalismus (mit bayerischen Sonderrechten), taucht in den meisten Reden Professor Baumgartners auf. Geschickt und allgemein verständlich formuliert z. B. in dem oben zitierten Passus aus der großen »Programmatischen Rede des Landesvorsitzenden der Bayernpartei Dr. J. B. auf der 2. Landesversammlung der BP in Passau am 18./19. Juni 1949«.

Das ist doch das geistige Konzept eines demokratischen, christlichen Politikers. Nur wenn ein Mensch oder eine Familie, ein Land oder ein Staat die Beschränkung der Freiheit freiwillig auf sich nehme, zur eigenen Sicherheit gewisse Freiheitsrechte abtrete, entstehe eine neue Souveränität, von unten her, durch freiwilligen Zusammenschluß. So sei durch freiwilligen Zusammenschluß von Gemeinden das Landesrecht, durch freiwilligen Zusammenschluß von Ländern das Staatsrecht und durch freiwilligen Zusammenschluß von Staaten das Bundesrecht entstanden. Das sei christliches Staatsrecht und christliche Sozialethik, das sei das Wesentliche des Subsidiaritätsprinzipes, das sei eben wirklicher Föderalismus. Unchristlich dagegen seien der Kollektivismus, der Zentralismus und der Unitarismus, weil diese Systeme von oben herab zusammengeschlossene Gemeinwesen rücksichtslos verwalten, kommandieren und ausbeuten, weil derlei Systeme das Prinzip der Freiheit vernichten. Zentralisten entpuppen sich immer als Imperialisten!

Baumgartners Föderalismus hatte also sehr wohl ein geistiges Konzept. Er hat die schwierige Materie der neueren christlichen Staatsphilosophie genial einfach interpretiert. Und er ist in den wesentlichsten Punkten seines Parteiprogramms und auch in seinen Handlungen und Reden als praktischer Politiker diesem geistigen Konzept treu geblieben – und das mit der unbeugsamen Konsequenz eines Erkennenden, eines Begeisterten. Für ihn war der Föderalismus das einzig mögliche Friedensinstrument. Niemals hätte er ihn verraten. Auch nicht in Kleinigkeiten und schon gar nicht wegen Deutschland, sei es das Deutschland à la Bismarck gewesen, à la Weimar oder à la Adenauer. Alle drei deutschen Systeme erschienen ihm unchristlich, weit entfernt von einer christlich-demokratischen und föderalistischen Ordnung nach dem Subsidiaritätsprinzip. »Die größere Heimat bedeutet uns nicht mehr ein starkes Deutschland, sondern ein geeintes Europa!«

Die großen christlichen Parteien in Deutschland, rief er einmal aus, führten ihr Christentum nur im Namen, hätten es aber nicht in ihrem geistigen Konzept, geschweige denn würden sie sich in ihrer politischen Praxis zur christlichen Staatslehre bekennen. Wer den Föderalismus verrate, dürfe sich nicht christlich nennen. Und wer das Subsidiaritätsprinzip nicht kenne, habe von Demokratie keine Ahnung.

Und doch bekennt sich auch jener führende CSU-Politiker, dessen zentralistische Intentionen bei der Schaffung des Grundgesetzes Baumgartner besonders gern anprangerte, Dr. Joseph Müller[11], zum Föderalismus. Gerade diesem Dr. Müller verdankt die bayerische CSU ihre Selbständigkeit gegenüber der CDU als eigene Partei – wenngleich in Bonn freilich in einer Fraktionsgemeinschaft, von der Adenauer im Oktober 1950 bemerkte, daß zwischen CDU und CSU kein Unterschied bestünde, höchstens gelegentlich in Ausdrucksweise und Temperament.

Von Haus aus soll der Gründer der bayerischen CSU, Dr. Joseph Müller, in der Frage einer deutschen Gesamtorganisation im Juli 1948 gar nur für den Frankfurter Wirtschaftsrat mit erweiterter Zuständigkeit und ohne Kanzler eingetreten sein! Ein Konzept, das Baumgartners Föderalismus nach dem Subsidiaritätsprinzip unbedingt hätte gerecht werden können. Um diese Zeit war Baumgartner bereits zur Bayernpartei übergetreten und hatte sich mit den Direktoren des Frankfurter Wirtschaftsrates heftig entzweit.

In Joseph Baumgartner war noch etwas zu spüren von der politischen Energie der alten katholischen Phalanx in Bayern, die auf dem Freisinger Domberg ihren Hauptstrategen sitzen hatte, in der Persönlichkeit des Seminardirektors und Professors für Kirchenrecht, Msgr. Balthasar von Daller[12], eines gebürtigen Oberbayern (von Gasteig), der zäh und angriffslustig zwischen 1871 und seinem 1911 erfolgten Tod ununterbrochen dem bayerischen Parlament angehört hat und die königlich bayerischen Minister mehr als einmal in schärfster Rede und geradezu skandalartig angegriffen hat, der wiederholt gedroht hat, über die wahren Vorgänge vom Juni 1886 auszupacken, über den Tod weiland Seiner Majestät König Ludwigs II.; den die kleinsten Irrungen in der Auslegung der bayerischen Reservatrechte, z. B. das Aufziehen der deutschen Reichsflagge neben dem weißblauen Banner oder die Vereinheitlichung der Branntweinsteuer oder das Musizieren preußischer Regimentskapellen in München oder auch das bloße Gerücht von einer deutschen Einheitsbriefmarke, den all derlei »zentralistische Gaunereien« mit bis dahin unerhört scharfer Rede, ja mit unglaublich mutigem bayerischem Löwengebrüll sofort die schwersten parlamentarischen Geschütze abfeuern ließen.

In Joseph Baumgartner ist dieser alte Freisinger Klerikalseminar-Geist des Patrioten Balthasar von Daller hineingefahren, obschon er den Daller nur noch vom Hörensagen gekannt hat. Die Debatten über den alten Herrn Regens und Professor waren in Freising noch in den dreißiger und vierziger Jahren lebendig. Er war ja jahrzehntelang Parteichef der bayerischen Patrioten, nachmals der Zentrumspartei (seit 1887) gewesen. Seinen Ruhm konnten in Freising, ja in Bayern, selbst die Weltereignisse in zwanzig, dreißig, fünfzig Jahren nicht hinwegfegen. Daller war einer der ersten demokratischen Parteiführer, der neben Jörg[13], Pichler[14], von Vollmar und Orterer[15] in der Geschichte des bayerischen Parlamentarismus die größte Popularität erlangt hat. Der alte Balthasar von Daller war so etwas, wie ein erzbayerischer Strauß sein könnte.

Einen Teil seiner, nun historisch gewordenen, Popularität verdanken Daller, Pichler, Orterer und Genossen dem Dichter Ludwig Thoma, der den Herren in seinen Filserbriefen ein unsterbliches Denkmal gesetzt hat. Eine dem literarischen Vorbild kongeniale Karikatur verdanken wir einem im ersten Weltkrieg gefallenen jungen Künstler, Raimund Jäger mit Namen, der 1905/06 eine Terrakottaplastik geformt hat mit dem Titel »Das Barlamend«. Alle Herren in diesem parlamentarischen Gruppenbild sind historisch – bis auf den oberen linken Flügelmann, den finster dareinblickenden Josef Filser. Neben Filser der bärtige Lutz[16], darunter der königlich bayerische Sozialdemokrat Georg von Vollmar und der liberale dicke Casselmann[17]. Es folgen in der mittleren Reihe von links nach rechts das klerikal-heftige Brillengesicht des hochwürdigen Herrn Schädler[18], dazwischen stehend das kleine energische Präsidentenmännchen Orterer mit dem strengen Rektorengesicht und dann das derb-fröhliche Kooperatoren-

Antlitz des Prälaten Pichler von Passau. Unten sitzen der redliche »schwarz-rote« bayerische Bauernführer, der Dr. Georg Heim aus Regensburg, ein gebürtiger Aschaffenburger. Überlegen hat er ein Bein über das andere geschlagen. Er denkt seiner Zeit voraus. Und ganz unten auch dieses rechte Fundamentum in der Gewichtigkeit eines mächtigen bayerischen Granitblockes, Msgr. Professor Balthasar von Daller. So viel kräftige Gelassenheit muß selbst den Preußen imponieren. Der ganze Freisinger Domberg, das bayerische Kirchenrecht und das Generalvikariat der Erzdiözese zusammen erscheinen da in der Gestalt eines dreihundert Tagewerk besitzenden Dorfgastwirtes samt eigener Metzgerei und Posthalterei: »Mir san mir und schreibn uns uns. Punktum. Die bayerischen Briafmarkln werdn weiter druckt. Und die königlich bayerische Eisenbahn hat mehrer Geld wia die preißische. Und wenn euch was net paßt, nachand könnts uns...«

Die Gestalt des Msgr. Balthasar von Daller auf der Raimund Jägerschen Terrakottaskulptur ist – trotz der Karikatur – von einer unerhörten Eindringlichkeit. Sie verkörpert den allzeit hellwachen bayerischen Föderalismus, sie ist geradezu die Inkarnation des Baumgartnerschen »Subsidiaritätsprinzips«. Denn die Äuglein in diesem gelehrten theologischen Posthaltergesicht, auch wenn sie arg chargiert und nur mehr markiert sind, blinzeln hellste Wachsamkeit. Es sind die Augen eines zwar gerne und aus Neigung, aber oft auch nur zum Scheine schlummernden, bayerischen Löwen, der jederzeit grimmigst aufwachen kann, ja der sogar einen sehr explosiven Charakter hat. Und daß Sie ja seine Tatkraft nicht unterschätzen, werfen Sie auch einen Blick auf seine Hände! Wo die hinlangen, da fleckt es! Es sind die Hände eines bayerischen Patrioten und Parteiführers — und eines Priesters!

Was Joseph Baumgartner in Freising auf dem Domberg alles an Rüstzeug mitbekommen hat, darüber können nicht nur Spekulationen über mancherlei Erlebnisse, vorbildliche Einflüsse und Studien einen Aufschluß geben, darüber gibt es auch genauere biographische Daten.

Es sind zunächst die Studien am humanistischen Domgymnasium, die angeführt werden müssen. Seine Klaßleiter in den oberen Klassen waren alles Altphilologen mit der berühmten philologisch-historischen Fächerverbindung. Pädagogen dieses Schlages sind heute nicht mehr am Leben. Der Prototyp eines strengen Altphilologen aus jener Zeit, wo die pädagogische Strenge ohnehin eine Art unerbittlichen Höhepunkt erreicht hatte – die zweite Hälfte des 19. Jahrhunderts bis 1914/18 –, dieser Typ war der Freisinger Herr Oberstudiendirektor Dr. Bernhard Lindmeyr persönlich: Funkelnder Zwicker, Schnauz- und Spitzbart, kräftige Stimme, voll echter griechischer Vaterlandsliebe, spartanisch, erfüllt vom Geist an den Thermopylen, mit dem auch Latein und Griechisch gelernt werden muß. Aber auch vaterländisch-deutsch und katholisch-bayerisch war er gesonnen. Dr. Lindmeyr leitete in Freising zunächst als zweiter, dann als erster Vorsitzender den historischen Verein. Als alter Scheyerer und Freisinger Zögling atmete er in Freising wieder Heimatluft. Der verlorene Weltkrieg ließ die Männer der philologisch-historischen Fächerverbindung jetzt nur noch mehr eintauchen in die Welten längst vergangener Jahrhunderte. Zudem hatten sie ihre festen Autoritäten. Sie wußten, was schön und gut war. Kritik übten sie nur an den Schülern, selten an den ausgewählten Texten. So kam es gelegentlich zu Spannungen zwischen Lehrer und Schüler. Erinnerungen an Bismarck und die Größe des deutschen Kaiserreiches werden wach.

An Hand der Zeugnisse und der Beurteilungen des Oberstudiendirektors Dr. Lindmeyr über Joseph Baumgartner läßt sich eine grundsätzliche Unterscheidung der Geister feststellen. Selbstverständlich läßt eine pädagogische Schülerbeurteilung auch eine Lehrerbeurteilung zu, besonders wenn Lehrer und Schüler beide lange verstorben sind und man das Leben des einen wie das des anderen samt den Zeitläuften überschauen kann. Um es vorwegzusagen, der Freisinger Oberstudiendirektor zieht dabei den kürzeren. Er erweist sich Baumgartner gegenüber gereizt, empfindlich, animos. Er mag ihn nicht, obschon er ihm redliche Absichten unterstellt: »Im übrigen von guter und verlässiger Gesinnung und bereitwilligem Entgegenkommen«, beschließt er in der Absolviaklasse die geheime Schülerbeurteilung. Aber die Lateinnote setzt er ihm um einen Grad herunter, desgleichen gibt er ihm statt des jahrelang gehabten Deutschzweiers einen Dreier. Gewiß war Joseph Baumgartner kein Musterschüler und auch kein Einserschüler, doch die Klaßleiter der Vorjahre beurteilen ihn günstiger als der scharfe Rex Lindmeyr.

Ein Dr. Lindauer zum Beispiel hält ihn dem Körper nach für groß und kräftig und gewandt. Seine geistigen Anlagen rühmt er gar mit dem Satz: »Gut beanlagt, er zeigt rasche Auffassung und hat auch ein treues Gedächtnis. – Fleiß und Pflichtgefühl erstrecken sich bei ihm so ziemlich gleichmäßig auf alle Fächer.« Sein sittliches Verhalten sei wohlgeordnet, heißt es weiter, er sei ja auch ein Seminarist und über seine Zukunft brauche man sich keine Gedanken machen, »bei gleichem Eifer wird er immer gut fortkommen.« Auch ein Dr. Stettner bescheinigt ihm in der siebenten Klasse ein gutes Gedächtnis. »Seine rasche Auffassung wird durch ein gutes Gedächtnis unterstützt. Dazu liest er viel und weiß das Gelesene in Form von Zitaten wieder zu verwerten, oft im Übermaß. Seine deutschen Aufsätze waren meist gediegen und bekundeten Gewandtheit der Form. Vorliebe zeigte er auch für schönen Vortrag. Bei den heurigen Fastnachtsaufführungen wirkte er sehr erfolgreich als Spieler mit. Er ist wohlanständig. Aber eine Neigung zu Unruhe und Wichtigtuerei macht sich bemerkbar.« (!) Der Klaßleiter seiner achten Klasse, Studienprofessor Brunner, lobt seinen freien Vortrag, in dem er viel Gewandtheit zeige. Baumgartner melde sich gerne zu Worte, meint der Klaßleiter weiter, ja er dränge sich zuweilen etwas vor, wobei er eine allenfallsige Schlappe nicht tragisch nehme. Wörtlich heißt es noch: »Er nimmt rasch auf, schürft aber nicht tief. Er ist ein anständiger, offener Charakter.«(!)

Diese Urteile über den Gymnasiasten Josef Baumgartner sind treffend. Klar haben die Pädagogen in ihrem sich gelegentlich etwas vordrängenden Schüler eine exemplarische Politikerbegabung geschildert. Allerdings rühmen sie seinen anständigen, offenen Charakter.

Nur der Klaßleiter in seinem neunten Kurs, der Herr Oberstudiendirektor Dr. Lindmeyr, kommt zu einer wesentlich anderen Beurteilung, zu einer fast schon vom politischen Gegnertum beeinflußten Verunglimpfung. Der Schüler Baumgartner war, wie wir aus Erzählungen von Klassenkameraden wissen, damals schon ein sehr »rechthaberischer« Diskussionsredner – auch gegenüber seinem obersten Magister. Hatte er auch noch keine festgefügten Anschauungen, so widersprach er doch gern jedem deutschnational Empfindenden. Auch im Seminar kam es gelegentlich zu politischen Gesprächen – in der Freizeit – und da zitierte der Herr Präfekt oder Direktor halt immer wieder den Balthasar von Daller und die bayerische Patriotenpartei beziehungsweise das aus dieser Partei hervorgegangene Zentrum. Um diese Zeit war aber der Gegner von Dallers innerhalb des Zentrums, der Bauerndoktor Georg Heim, vielgerühmt in aller Munde.

Der junge Baumgartner hatte sich noch nicht endgültig entschieden, für welchen Zentrumsflügel er einmal Partei ergreifen würde – für Dr. Georg Heim oder für den Erzföderalisten und Siegelbewahrer der bayerischen Reservatrechte Balthasar von Daller, dem freilich nach seinem Tod keine kräftigen Nachfahren mehr erstanden sind innerhalb der neuen bayerischen Volkspartei. Der soziale Schwung der Bauernvereinspolitik Heims hat den jungen Baumgartner gewiß begeistert. Er gesteht das später selber. Aber die zentralistischen Versuchungen, denen Heim nicht genug zu widerstehen vermag, bedeuten ihm keine Wohltaten für Bayern. Hatte Baumgartner nicht erst vor vier Jahren noch heiße Tränen in das Kopfkissen geweint, da König Ludwig III. aus München vertrieben worden ist? – Die Landwirtschaftspolitik Dr. Georg Heims, diese genossenschaftliche Selbsthilfe, verbunden mit der bayerischen Zähigkeit weiland Balthasar von Dallers, das würde für den jungen Baumgartner Joseph aus Sulzemoos ein traumhaft ideales Konzept abgeben! Dr. Lindmeyr gehörte doch noch zu sehr der Sedanfeiern-Generation an, um für die Größe bayerischer Politiker allzuviel übrig zu haben. Er dachte mehr an das heilige, große Deutschland, ohne im geringsten ein aufkommender Nationalsozialist zu sein. Bismarck war für den Mann unbedingt eine Weltgröße wie Alexander oder Caesar, die Einigung Deutschlands war ihm mit zu vielen Opfern erkauft, das tragische Schicksal der deutschen Nation erinnerte ihn viel zu sehr an jenes der griechischen usw. Die guten deutschen Imperialisten, die den Kolonien nachtrauerten, waren in der Überzahl. Bayerische Patrioten, die für die Vereinigung Europas schwärmten, galten als Phantasten. Der Schüler Baumgartner, der es wagte, selbst an deutschen Klassikern Kritik zu üben, war für den Oberstudiendirektor von fragwürdiger Intelligenz. Dr. Lindmeyr beurteilt Joseph Baumgartner denn höchst abfällig wie keinen anderen Schüler der Klasse, selbst den schlechtesten nicht:

»Joseph Baumgartner ist ein Schüler von mäßiger Begabung, fleißig, aber einseitig und unselbständig in seinem Urteil, vielleicht mehr nach der Seite der Phantasie angelegt. Beschäftigte sich viel mit deutscher Literatur, aber mehr als Nachbeter einer verdammenden Kritik denn als verständnisvoller Genießer eines Kunstwerkes. Ob er bei seiner nicht allzu hohen Intelligenz diese Einseitigkeit überwinden – oder mit den Jahren gar steigern wird? – Im übrigen von guter und verlässiger Gesinnung und bereitwilligem Entgegenkommen.«

Soweit Dr. Lindmeyr in der sogenannten »vertraulichen Schülerbeurteilung«, die dem Abiturienten niemals zu Gesicht kommt. Da konnte man sich als verärgerter Lehrer etwas abreagieren. Im Reifezeugnis werden die Arbeiten in Latein und Deutsch dann etwas schärfer beurteilt. Man ist ja als Oberstudiendirektor zugleich der zuständige Ministerialkommissär. Und die Beurteilung im Reifezeugnis lautet dann mit viel unverbindlichem Lob: »Unter seinen schriftlichen Arbeiten war der deutsche Aufsatz eine durch Gedanken sich empfehlende Arbeit, während es in der Gedankenverbindung und in der Gliederung zuweilen an Klarheit fehlte. Auch die meisten übrigen Prüfungsarbeiten entsprachen den Anforderungen, nur die aus dem Lateinischen und der Physik waren weniger gelungen, wogegen die aus der Religionslehre eine sehr gute Leistung darstellte. – Mündliche Prüfung erlassen. – Sein Betragen während seines Aufenthaltes an der Anstalt war sehr lobenswert. Seiner Gesamthaltung nach war er ein zuverlässiger, gediegener Schüler, der durch lebendige Teilnahme am Unterricht dem Lehrer entgegenkam und den meisten Fächern gleichmäßigen Fleiß zuwandte. Mit besonderem Erfolg beteiligte er sich am Gesang und Violinspiel.«

In der lateinischen Sprache steht erst ein »entsprechend« eingetragen, von Dr. Lindmeyrs eigener Hand wird es ausgestrichen und durch ein »mangelhaft« ersetzt. Hatte der Herr Oberstudiendirektor vielleicht eine unruhige Nacht gehabt? Oder hat ihn der übermütige Absolvent, der wußte, daß die Zeugnisse schon geschrieben waren, en passant noch geärgert? Kein Mensch mehr weiß es. Die stillen Kämpfe zwischen Lehrer und Schüler toben, von Haßliebe geschürt, im Verborgenen von Geschlecht zu Geschlecht.

Auch im erzbischöflichen Knabenseminar kam es zu harmlosen Szenen. Der Übermut ließ ihn manchen Schabernack anstiften. Zum Beispiel änderte er die mittägliche Tischlesung. Zur Suppe wurde im Speisesaal täglich eine Art geistliche Lesung serviert. Jede Woche traf es einen anderen Zögling der Oberklasse, das Amt des Vorlesers bei Tische auszuüben. Während die hundertsechzig Seminaristen samt ihren Vorständen, dem hochwürdigen Herrn Direktor und den Präfekten, ihre Suppe löffelten, stand der Lektor hinter seinem Vortragspult und las irgend eine Biographie eines Heiligen, besonders gern eines erst Seligen der jüngeren Zeit, dessen Heiligsprechungsprozeß in Vorbereitung stand. Als nun Joseph Baumgartner als Vorleser an die Reihe kam — es war gerade Faschingszeit —, tauchten da neben den handelnden Personen die Herren Präfekten und der Herr Direktor auf, zum Beispiel im Leben des gottseligen Redemptoristenpaters Stangassinger.

Welch ein verwundertes Aufhorchen! Für Augenblicke verstummten die Löffel. War das eben ein Zufall gewesen? Viele unaufmerksame Zuhörer merkten noch nichts, denn die Einschübe und Umdichtungen waren sehr geschickt und sparsam angebracht. Als aber gewisse vertraute Redensarten der Vorstände von Tag zu Tag häufiger gebraucht wurden, da klingelte der Herr Direktor vorzeitig und die Lesung war mit dem Glockenzeichen beendet. Jetzt durfte geplaudert werden. Ein Mordsgelächter setzte ein. Der Zögling Baumgartner hatte mit dem Buche vorzutreten. Da lagen denn sichtbar die Zettel mit den anstößigen Anmerkungen darin! Der Spaß war so gelungen, daß sich kein Mensch mehr an eine Strafe erinnern kann, obgleich es sicher eine gegeben haben mag: Vielleicht einen Strafaufsatz über das Thema: »Warum wir die Heiligen verehren.«

Eine andere Anekdote wird von den noch lebenden Klassenkameraden ebenfalls gerne erzählt: Baumgartner liest während der Geographiestunde des Herrn Professors Franz Brand – Generationen von Freisingern als der »Frosch« bekannt – immer ungenierter in der Zeitung, immer vertiefter auch. Endlich wird es dem gutmütigen »Frosch« zu dumm. Er unterbricht sich im unterrichtenden Vortrag und stößt wie einen Seufzer diese kritische Bemerkung heraus: »Herrschaft na, der Baumgartner liest schon wieder Zeitung! Zerst hat er's wenigstens no unter der Bank glesn, aber iatz direkt wia im Kaffeehaus!« Und weil man gerade »Wirtschaftsgeographie« betrieben hat in der Oberklasse, antwortete der Schüler Baumgartner, kaum aufsehend, »Entschuldigen Sie, Herr Professor, aber ich studiere gerade die Entwicklung der Rohstoffpreise auf dem Weltmarkt«. – Da war der »Frosch« auch schon wieder versöhnt und brummte nur noch: »Na, ja, dann inter-

essiert sich von uns wenigstens einer für die Wirtschaftsgeographie.« – Einstweilen hätte Baumgartner die letzte
Fortsetzung der neuesten Pfarrer-Reimichl-Erzählung aus
dem Altöttinger Liebfrauenboten gelesen, meint einer der
alten Schulfreunde; während andere tatsächlich an ein
Studium der Rohstoffpreise glauben. – Aber so geht es mit
vielen Reminiszenzen an die Schulzeit: Es erinnert sich
halt ein jeder mit seinem eigenen Gedächtnis und Augen-
maß!

Übereinstimmend schildern sie alle den jungen Baumgartner oder »Bami« als einen lebendigen und immer gut
aufgelegten, freundlichen Kameraden. »Der Bami hatte
immer einen Witz auf Lager«, sagt einer seiner vertrau-
testen Konabsolventen, der jetzige Stadtpfarrer von Maria
Hilf in der Au, Prälat Dr. Josef Holzer, gebürtig aus der
Kugelmühle bei Münsing am Starnberger See, Weihejahr-
gang 1930. Ähnlich äußert sich auch der Stadtpfarrer von
St. Peter, Prälat Maximilian Zistl und der Rechtsanwalt
Dr. Joseph Huber aus Deggendorf und noch viele andere;
insgesamt waren es einundzwanzig gewesen, die 1925 auf
dem Domberg das Abitur bestanden hatten.

Mit dem Kugelmüllersohn Josef Holzer hat Baumgartner während der Ferien etliche Male einen Ausflug gemacht, hat mit ihm die Passionsspiele in Oberammergau
besucht und gemeinsam haben sie auf Berghütten und Al-
men übernachtet. »Je weniger, daß wir Geld ausgeben,
desto länger können wir bergsteigen«, soll eine der Devi-
sen des späteren Landwirtschaftsministers gewesen sein.
Und er hat sich auch nicht gescheut, an Pfarrhöfen anzu-
klopfen. In Partenkirchen haben sie einmal auf dem bloßen Schulzimmerboden geschlafen. Aber nach etlichen Tagen schon ist dem »Bami« das Handwerksburschenleben
zum Halse herausgehängt und er ist schnell mit dem Rad

wieder heimgefahren nach Sulzemoos. In den Sommermonaten haben die studierenden Bauernbuben natürlich überall in Bayern bei der Ernte mithelfen müssen, »daß sie die ganze Gscheitheit fast wieder herausgeschwitzt haben«. Und sie sind als zweitklassige Hilfskräfte zu den schwierigsten Arbeiten eingeteilt worden, zum Garbenbinden und Stocksetzen. Und ist man von dem einen fast kreuzlahm geworden und von dem anderen im heißen Stadel drinnen fast zerronnen vor lauter Schwitzen. Die gleichaltrigen Volksschulfreunde haben alle schon mähen dürfen und hat jeder von ihnen eine »Richterin« hinter seiner gehabt im Korn- oder Weizenfeld. Hast du gejammert als Student, hat es bloß geheißen: »Nur probiern, Herr Studiosus, nur probiern! Weil: 's Probiern geht über's Studiern!«

Nach solchen Ferien hat man die Freisinger Verhältnisse gleich wieder anders beurteilt! Allmählich wurde es mit der Berufsentscheidung allerweil ernster. Soll man jetzt zuerst mit der Mutter reden oder mit dem Herrn Direktor? Am gscheitesten, man vertraut sich dem Präfekten an! Oder gleich dem Herrn Beichtvater? – Es war ein Herumdrücken und Auf-die-lange-Bank-Schieben mit dem Eingeständnis, doch lieber kein Priester werden zu wollen.

»Und warum nicht, mein junger Herr Baumgartner?« – »Ich eigne mich nicht, Herr Direktor.«

»Mhm. Und warum eignen Sie sich nicht? – Woran merken Sie das, daß Sie sich nicht eignen?«

Der Delinquent schweigt verlegen. »A so halt!« – »Und weil ein Pfarrer niemals nicht heiraten darf.« – Aber welch anständiger Abiturient wagt schon vom Heiraten zu reden? – Das Dogma von der Unfehlbarkeit des Papstes macht manchen Abspringern angeblich zu schaffen und deshalb könnten sie es nicht verantworten, weiterhin übers

Klerikalseminar und die philosophisch-theologischen Studien den Weg zum Priestertum einzuschlagen. Der schlagfertige Herr Direktor stellt gleich die uralte Kandidatenfrage: »Welche Haarfarbe hat denn das Dogma, hm? – Ist es ein blondes, brünettes oder schwarzes Dogma?«

Jetzt ist man überführt und kann nur noch einen roten Kopf bekommen, denn mit der Liesl geredet hat man selber ja noch kein einziges Wort. Aber so ungefähr müßte sie einmal aussehen: a bißerl blond oder schwarz mit zwei strahlenden Mädchenaugen, in engem Rock oder weitem Kleid und vielleicht auch schon mit einem Busen.

Die inneren Kämpfe beginnen und überschatten den heiteren Tag. Die Mutter würde bittere Tränen weinen, ihr würde ein Lebenstraum nicht in Erfüllung gehen! Die Schwestern würden zürnen. Der Bruder würde spitze Bemerkungen machen. Er habe es sich ja immer schon gedacht, daß der etwas anderes im Sinn hat! Daß er nur gesagt hat, er werde ein Pfarrer, damit er hätte studieren dürfen! Und wie erst würde es der Vater aufnehmen? – »Mein lieber Bua, daß d' was anderst studierst, is koa Geld it da. Muaßt halt do Pfarrer werden! Oder Lehrer, dös geht wenigstens schneller.«

»Nein, ich studiere Volkswirtschaft, Nationalökonomie, denn ich möchte so etwas werden wie der Dr. Georg Heim im Bauernverein.«

Joseph Baumgartner hatte sofort ein neues Berufsziel. Dr. Georg Heim war sein großes Vorbild, der bei allen Bauern beliebte Präsident und Gründer der landwirtschaftlichen Zentralgenossenschaften.

Er würde sich an der Münchner Universität schon durchschlagen. Mit Nachhilfeunterricht zum Beispiel. Und da gäbe es auch ein Studentenwohnheim, wo man als Präfekt vielleicht einen Freiplatz bekommen kann?

Die Mutter trocknete die Tränen und rückte ein paar Mark heraus. Am End wird alles noch recht werden mit dem Sepp! Freilich, die Freud ist vorbei. Pfarrer würde er nicht mehr werden, eine Baumgartnerprimiz würde es nicht mehr geben in Sulzemoos. Bei der Abiturfeier aber war er Chargierter und hielt die vaterländische Rede beim Festkommers. Das hat dem Vater dann doch auch schon wieder imponiert. Schon diese Rede Baumgartners war ein patriotisches Bekenntnis zu Bayern.

Der Volkswirt

Der Student der Nationalökonomie der Ludwig-Maximilians-Universität München, Joseph Baumgartner, widmet sich nicht nur mit Eifer seiner Wissenschaft, er zeigt vom dritten Semester an auch großes politisches Interesse und wird bald Mitglied der Bayerischen Volkspartei. Da lag es auf der Hand, daß der Kandidat bei halbwegs glücklicher Konstellation der Zufälle und mit zunehmender Ausdauer rasch Karriere machen würde.

Die Hansa-Studentenheime am Biederstein in Schwabing wurden von Kaufmannsvereinen und Industrieverbänden mitfinanziert. Baumgartners Gesuch um eine Präfektenstelle hatte Erfolg. Das Dach überm Kopf war gesichert. Jetzt konnte das Studium nicht mehr gar so teuer werden, besonders nicht, wenn man rasch ein gutes Examen anstrebte und nebenbei noch Geld verdiente. – Aber das Geldverdienen war für Studenten in den goldenen Zwanzigerjahren eine sich selten bietende Gelegenheit. Daß die angehenden Akademiker auf dem Bau oder in der Fabrikhalle Arbeit gefunden hätten, war noch nicht üblich gewesen. Allmählich erreichte damals die Wirtschaft zwar eine Art Vollbeschäftigung, aber günstige Nebenerwerbsquellen waren immer gleich wieder vergeben und erschöpft. Staatliche Studienbeihilfen flossen selbst in Bayern spärlich. Es sei denn, man war Maximilianeer und gehörte zur Noten-Elite der Noten-Elite. Baumgartners Hörgeldprüfungen hatten zwar regelmäßig Erfolg, aber trotz der Ermäßigung der Hörgelder blieb der Geldbeutel leer. Man darf es getrost aussprechen – und alle Freunde und Kommilitonen Baumgartners bestätigen es einstimmig –, der junge Nationalökonom aus Sulzemoos gehörte zu den ärmsten unter den Armen. »Der Baumgartner? Ja, an den kann i mi freili erinnern. Der hat als Student nia a Geld ghabt.«

Er versuchte es mit dem klassischen akademischen Zuerwerb und gab Nachhilfeunterricht in Latein und Französisch. Doch die Tropfen auf dem heißen Stein waren mit ein Paar Schuhen, mit einem Buch oder mit einer Maß Bier gleich wieder vertrocknet. Der ewigen Geldmisere ein vorübergehendes Ende bereiteten die kleinen Darlehen, die ihm der Sulzemooser Baron und vor allem der kleine Dorfschullehrer zukommen ließen. Einmal soll er sogar zu Fuß nach Sulzemoos heimgegangen sein.

Das goldene Münchner Herz verströmte seine Freigebigkeit oft auch nur tröpfchenweise. Etliche Wohltätigkeiten durfte er doch erfahren. Und wie könnte es sich für einen künftigen bayerischen Landwirtschaftsminister sprechender fügen, als daß eine Spatenhauskellnerin ihn gelegentlich die Zeche nicht oder nur in sehr unbedeutender Höhe bezahlen ließ. Die Gute hieß Anni und hat dem Pepperl Baumgartner die Treue übers Grab hinaus gehalten. Sie drang selbst bis ins Gefängnis Stadelheim vor und wollte ihm seine Lieblingsspeise aus der Studentenzeit bringen: Warmen Leberkäs mit Brezen und Kartoffelsalat zum guten Bier. – Als er, nach der Verurteilung zu den vielgeschmähten zwei Jahren Zuchthaus, wegen Krankheit vorübergehend und unter strenger Bewachung von Stadelheim ins Krankenhaus nach Schwabing verlegt worden war, erreichte die schneidige Anni mit ihrer Lieblingsmahlzeit tatsächlich den Exminister. Die Szene muß in der Erinnerung bleiben und dem großen Anekdotenschatz des bayerischen Stammes einverleibt werden wie die Eier Schwepermanns. Die Gefängniswärter in Stadelheim lassen die

Fräulein Anni nicht vor mit ihren Leckerbissen, sind sau-
grob und verweigern der gestandenen Kellnerin jede Be-
suchserlaubnis. Da wird der Exminister und ehemalige
Studentenfreund noch kränker, kommt aus Gnad und
Barmherzigkeit zur Untersuchung ins Schwabinger Krankenhaus – mit vier Mann Bewachung und zwei Auf-
sehern samt juristischem Beistand. Sooft er auf die Toilette
muß, wird er über den Gang beinahe in Handschellen geführt! Und da passiert es! Die resolute Spatenbräu-Anni
biegt um die Ecke, öffnet ihre große Einkauftasche und
präsentiert den Leberkaas mit dem Kartoffelsalat! Da
bleibt kein Auge trocken. In der Stunde der großen Einsamkeit, wo alle ihn verlassen hatten, die Freunde und
Parteigenossen, die Profitlinge und Jugendfreunde, die
Priester und Bischöfe, Beamten und Landsleute, in dieser
Stunde der tiefsten Demütigung zeigt die brave Münchner
Bedienung ihre treue Anhänglichkeit.

»Ja niamals hat der Herr Minister an Meineid
gschworn! I kenn ihn doch schon fünfadreißg Jahr lang!
Der Mann ist so ehrlich, daß er net amal s'Lüagn kann,
geschweige denn 's falsch Schwörn!«

In jenen ersten Semestern der Jahre 1925/26 malte sich
der Studiosus Baumgartner die Zukunft weit honoriger
aus. Am Ende seines Lebens hat er sich bestimmt nicht als
Zuchthäusler gesehen! Im Gegenteil! Bei Herrn Professor
Adolf Weber[19] zählte er bald zum engeren Kreis, zu den
Doktoranden. Er hatte auch schon ein Thema: Die landwirtschaftliche Kreditpolitik. Überhaupt waren die Professoren in der staatswissenschaftlichen Fakultät im München der zwanziger Jahre Kapazitäten. Lujo von Brentano[20], ein Meister der akademischen Rede, lehrte, daß nur
eine zielbewußte Politik der Gewerkschaften die soziale
Frage lösen könne. Aber ein größtmögliches Maß an per-

sönlicher Freiheit wollte er als Grundprinzip in der Wirtschaftspolitik und in der Sozialpolitik gewahrt wissen. Ein allmächtiger Wohlfahrtsstaat würde die Menschheit auch nicht beglücken können. Im Streit zwischen »Agrarstaat oder Industriestaat« ergriff er, der Freihandelspolitiker, eher Partei für den Industriestaat.

Da mag der werdende Agrarpolitiker aus Sulzemoos schon bald den Kopf geschüttelt haben. Trotz der zunehmenden Industrialisierung der Welt und mit den Jahren auch Bayerns, mag er sich gesagt haben, gelte es, die angestammte Landwirtschaft durch Selbsthilfe zu schützen und mit den Aufgaben einer künftigen Handelspolitik abzustimmen. Die jungen Nationalökonomen diskutierten stundenlang. Und auch in den Instituten und Seminaren der Universität ging es lebhaft zu.

Da war auch noch der berühmte Professor der Nationalökonomie Otto von Zwiedineck-Südenhorst,[21] eine höchst schöpferische Persönlichkeit, ein gebürtiger Grazer. Er las über Finanzwissenschaften und Statistik, über Versicherungswesen und Sozialpolitik etc. und beschäftigte sich auch viel mit dem Wirtschaftsleben älterer Perioden der Menschheitsgeschichte und anderer Kulturkreise. Er arbeitete über Lohngestaltung, Arbeitslosigkeit und Gewinnbeteiligung und schrieb eine »Allgemeine Volkswirtschaftslehre«. Seine vielen originellen Gedanken führten Professor Zwiedineck zum »Gesetz von der zeitlichen Einkommensfolge«. Kommen die Produkte auf den Markt und liefern einen Ertrag, ist der Arbeiterlohn für ihre Entstehung meist schon wieder ausgegeben. Die Spekulationen, die mit diesem »Gesetz der zeitlichen Einkommensfolge« angestellt werden können, sind kurios mannigfaltig und weitreichend. Auch eine Einkommenstheorie des Geldes hat der findige Mann entwickelt. Die Vollbeschäftigungstheorien unserer Gegenwart fußen zum Teil auf den Interpretationen Professor Zwiedinecks. Seine Überlegungen über die Beziehung zwischen der »Einkommensgestaltung« und der »Einkommensverwendung« führen sogar zu abgelegeneren Gedanken, wie z. B. zu dem kameralistischen Idealerwerb alten Herkommens, zu staatlich konzessionierten Glücksspielen, Lotterien und Spielbanken. Auch darüber verlieren die berühmtesten Finanzwissenschaftler in den Vorlesungen immer etliche geistreiche Bonmots, die dann im Gedächtnis eines Studenten lange haften bleiben können. »Spielbanken sind für den Staat zusätzliche Steuereinnahmen von oft beträchtlichem Ausmaße, ohne daß diese dem Bürger weh tun, besonders wenn er die Spielbanken nicht besucht...« Ähnliche Anmerkungen bei der Aufzählung der fiskalischen Geldbeschaffung werden von den meisten Kameralisten gemacht. Übrigens kennt die Geschichte der nationalen Ökonomien zahlreiche Beispiele, wo selbst fürstbischöfliche und päpstliche Finanzminister im Zahlenlotto und Spielkassino das staatliche Glück suchten.

Wer Volkswirtschaft studiert, muß halt allerhand lernen! In jenen Jahren diskutieren die Münchner Nationalökonomen viel über den Berliner Volksschullehrer und ersten Vorsitzenden des »Bundes der deutschen Bodenreformer«, Adolf Wilhelm Damaschke.[22] Diesem Damaschke geht es nicht nur um eine Agrarreform, sondern vor allem um den großstädtischen Grundbesitz. Er verdammt die unsozialen Grundrenten. Baumgartner fertigt darüber eine Seminararbeit an und schreibt einen die Bodenreform behandelnden Artikel für – den Dachauer Amperboten. Er ist sehr rührig und fällt durch seine Diskussionsfreudigkeit auf. Als junger Volksparteiler entwickelt er politischen Eifer und wird auch schon als Redner in Wahlversammlungen geschickt. Eine Begegnung mit dem großen Dr. Heim ist ihm noch versagt. Trotz seiner Armut wittert er Morgenluft, ist immer guter Laune und voll Energie. Auch seine Dissertation macht Fortschritte.

Sein Doktorvater, Geheimrat Professor Adolf Weber, ist ein klassischer Nationalökonom. In Breslau war er der Gründer des Osteuropainstituts. Jetzt steht er der Bayerischen Volkspartei nahe. Seine Theorien nähern sich christlichen Anschauungen. Er ist ein sozialethisch und wirtschaftspolitisch »verantwortlicher Denker«. In seinem Werk »Der Kampf zwischen Kapital und Arbeit« sucht und findet er einen Ausgleich. Die Inaugural-Dissertation zur Erlangung der Doktorwürde einer hohen staatswissenschaftlichen Fakultät der Universität München – »vorgelegt von Joseph Baumgartner, Dipl. Volkswirt aus Sulzemoos Obb.« – ist eine hervorragende Arbeit. Man ist überrascht. Die Ideen sind einfach und originell, der Stil von klarer Sachlichkeit, ohne Rhetorik, aber nicht ohne Überzeugungskraft. Für eine Dissertation eine außergewöhnlich gediegene Arbeit mit einem unerschöpflichen Material an Zahlen und Tatsachen und Vergleichen. Sie trägt den Titel: »Der landwirtschaftliche Kredit im heutigen Bayern r. d. Rh. – Studien zur Agrarverschuldungsfrage«. Sie umfaßt 108 Seiten und verrät einigen Fleiß. Schon in der Einleitung heißt es: »Ein Überblick über die Kapitalbeschaffung der bayerischen Landwirtschaft seit der Währungsstabilisierung ist heute nur möglich bei der gleichzeitigen Betrachtung der gänzlichen Veränderung des deutschen Agrarkreditwesens seit der Inflation und der damit verbundenen Konzentration des landwirtschaftlichen Kredites in der Reichshauptstadt Berlin. Diesen letzten Momenten hat daher der Verfasser die ganze Arbeit hindurch ein besonderes Augenmerk gewidmet.« –

Er untersucht die Ursachen der gegenwärtigen Agrarnot und Verschuldung der Bauern, stellt die Sonderstellung Bayerns heraus, das doch noch mehr Agrarstaat denn Industriestaat sei, zählt stolz den Wert der landwirtschaftlichen Produktion auf und stellt ihn den Produktionsziffern der übrigen Wirtschaft gegenüber und kommt endlich auf die Eigenart des ländlichen Kreditwesens in Bayern zu sprechen. Die individuelle Struktur der bayerischen Landwirtschaft könne eine künstliche Zentralisierung des Kreditwesens nicht ertragen, meint er. Dann zählt er auf, wofür die Bauern das Geld hauptsächlich brauchten, und räumt den »Bodenmeliorationen« den ersten Rang ein, dann der Technisierung und der Hebung der Tierzucht und einer künftigen Flurbereinigung.

Im zweiten Hauptteil zählt Baumgartner alle möglichen Kassen und Kreditanstalten auf und prüft ihre wichtigsten Kreditaktionen; in einem sehr umfangreichen Kapitel werden die »Konzentrationen der bäuerlichen Kredite in der Reichshauptstadt« gebührend abgekanzelt. Dr. Sebastian Schlittenbauer,[23] der Chef des Christlichen Bayerischen Bauernvereins wird zitiert als ein Wahrer des föderalistischen Prinzips gerade im Kreditwesen, soweit das noch möglich sei. Es ist von der Reichsbank und von der Preußenkasse die Rede, von der preußischen Zentralgenossenschaftskasse und auch davon, daß die Rentenbankkredite zum größten Teil dem nordischen Großgrundbesitz vermittelt worden wären, wenngleich der preußische Finanzminister sich von diesem Vorwurfe zu befreien versucht habe. Alle Beteiligungen und Sanierungen der Preußenkasse werden aufgezählt, auch jene, die an bayerische Kreditanstalten gerichtet waren. Die damals ein gewisses Aufsehen erregende Stelle in der Dissertation lautet:

»Zur Forderung Dr. Georg Heims, die Preußenkasse weiter auszubauen und ihr mehr Kontrollrechte über die Genossenschaften einzuräumen, schreibt das bayerische Genossenschaftsblatt: ›Damit steht ein lückenloses Staatsmonopol auf, mittels dessen das Land Preußen das ganze deutsche Genossenschaftswesen in seine wirtschaftliche Abhängigkeit bringen würde.‹ Ein solches preußisches Staatsmonopol fehlte gerade noch für unser bayerisches Genossenschaftswesen«.

Und er fährt fort: »Man ist aber heute daran, die Preußenkasse zu einer Reichsanstalt umzuwandeln. Ob preußisch oder verreichlicht, hat in der Wirkung auf die bayerischen Agrarkredite nichts zu sagen; denn die Preußenkasse wird als zentrales Geldinstitut vielen deutschen Genossenschaftskassen notwendig sein. Und je mehr die Landwirtschaft in das Ineinandergreifen aller Wirtschaftszweige verflochten wird, desto nötiger wird sie die Preußenkasse als Vermittlerin am deutschen Geldmarkt haben.« Jede Zentralisation der Kredite in der Hauptstadt bedeute eine Aufblähung der Bürokratie, eine Verteuerung des Kredites, eine gewisse Blutleere in den Ländern, selbst wenn die Kreditzentralen der Reichshauptstadt den Provinzen ein großes wirtschaftliches Verständnis entgegenbrächten. Die bayerischen Kreditinstitute seien selber wieder in der Lage, der heimischen Landwirtschaft – wie vor dem Kriege – zu genügen.

Und nun entwirft Baumgartner in den nächsten fünfzig Seiten seiner Arbeit ein ausführliches Bild von den bayerischen Banken und Sparkassen und Genossenschaftskassen etc. und von allen wichtigen Krediten, welche die Landwirtschaft – aufgegliedert in Regierungsbezirke – in den paar Jahren nach der Inflation aufgenommen hat. Es fehlen nicht die Kredite für Gärtnereien, für Hopfenbau und für den Korbweidenbau, nicht die Molkerei- und nicht die Winzerkredite. Er bringt auch ein Kapitel über die Vorgeschichte des Kredit- und Pfandrechtswesens in Bayern. Er greift da weit aus und berichtet mit Stolz von bayerischen Prioritäten im Hypothekenwesen. »In Bayern war die Pfandverschreibung eben um diese Zeit (1616) schon in der Umwandlung zur eigentlichen Hypothek begriffen.« – Er weiß von Stiftungen zu erzählen, von dem Entstehen der verschiedenen Banken und Versicherungen, untersucht die Zwangsveräußerungen landwirtschaftlicher Betriebe zwischen 1925 und 1927 und befaßt sich mit der »Verschuldungsgrenze«, deren amtliche Festlegung er ablehnt.

Gute Sätze beschreiben die Befreiung bayerischer Bauern aus den Händen von Wucherern. Er zählt die Darlehen der Landeskultur-Rentenanstalt auf und bringt einen ganzen Katalog von kreditwürdigen Maßnahmen zur Förderung der Landwirtschaft, darunter Themen, die Jahrzehnte später mit den Mitteln des Grünen Planes und anderen Subventionen erst verwirklicht werden sollten. Mit einem Wort: Baumgartners Dissertation ist mit dem Herzen eines die Landwirtschaft liebenden bayerischen Nationalökonomen geschrieben und steckt voller brauchbarer und zukunftsträchtiger Ideen. Es ist eine gute Arbeit eines künftigen bayerischen Landwirtschaftsministers.

Am 26. Juni 1929 bestand er die mündliche Prüfung. In acht Semestern hat er sich sowohl der Diplom- als auch der Doktorprüfung unterzogen. Von einer studentischen Faulenzerei konnte keine Rede sein. Zusätzlich begann sein Stern in der Bayerischen Volkspartei langsam aber sicher zu steigen. Vorübergehend ist er bereits als Student eine Art Bezirksverbands-Sekretär der Partei in Ingolstadt. Und er hält Versammlungen ab. Auch hat er bereits einen mächtigen Gönner, »den hochverdienten Förderer der bayerischen Landwirtschaft, Herrn Oberstudienrat Dr. Sebastian Schlittenbauer, Mitglied des Reichstages und Mitglied des Landtages, Präsident des Christlichen Bauernvereins.« Ihm hat der Sulzemooser Nationalökonom seine Doktorarbeit gewidmet. Schlittenbauer stellt den tüchtigen jungen Mann gleich als zweiten Sekretär in seinem Bauernverein an. Der erste Sekretär heißt Dr. Dr. Alois Hundhammer.[24] Er hatte drei Jahre vor Baumgartner bei Professor Zwiedineck promoviert.

Dem ungekrönten Bauernkönig Bayerns, Herrn Dr. Georg Heim, bleibt die herausfordernde kreditpolitische Kritik des jungen Nationalökonomen jedenfalls nicht verborgen. Er schreibt dem neugebackenen Doktor mit dickem Kohlestift eine gehörige Einladung. Wie konnte er es wagen, ihn, die erste Kapazität in agrarpolitischen Fragen, bei der föderalistischen Bayernehre anzufassen? – Baumgartner erscheint mit klopfendem Herzen. Dr. Heim rasiert sich gerade. Die Audienz findet trotzdem statt. Dr. Heim weist den weißblauen Heißsporn in die Schranken. Man dürfe das föderalistische Prinzip nicht übertreiben! Er ladet ihn dann zum Essen ein und gibt zur Anstellung beim Christlichen Bauernverein, dessen Ehrenpräsident er zusätzlich ist, seinen Segen. Jetzt kann ihn niemand mehr verdächtigen, jetzt ist er mit dem großen Dr. Georg Heim persönlich bekannt. Ob zu viel oder zu wenig Föderalismus, das ist eben eine Gewissensfrage! – Später verschweigt es Baumgartner, daß Dr. Georg Heim kurz vor seinem Tode noch an Adolf Hitler ein Gesuch geschrieben hat – um Aufnahme in die NSDAP! Da wußte er es: Man kann nicht föderalistisch genug gesonnen sein! –

Übrigens hatte sich auch Heinrich Himmler bei Dr. Schlittenbauer um eine Anstellung beim Christlichen Baye-

rischen Bauernverein beworben, war aber, trotz seines
Diploms als Landwirt, und auch nicht trotz der Freund-
schaft, die seinen Vater, der Oberstudiendirektor in Landshut gewesen, mit Dr. Schlittenbauer verbunden hat, nicht
angekommen und ging daraufhin zu Hitler.

Die letzten Semester seines Studiums wohnte Baumgartner nicht mehr in den Hansaheimen, sondern privat bei
einer Wirtin in der Königinstraße. Um die Zeit hatte er
schwer an einer Liebe zu tragen. Dieses Kapitel ist eines –
vielleicht das einzige – der dunkelsten Kapitel in der ganzen Biographie und wird an Tragik nur noch durch Verurteilung wegen Meineids vor dem Untersuchungsausschuß des Bayerischen Landtages zu zwei Jahren Zuchthaus übertroffen: Baumgartner verliebte sich in eine Preu-
ßin. Das Mädchen stammte aus Krefeld und studierte an
der Münchner Universität bei den nämlichen Professoren
Nationalökonomie. Sie war die Tochter eines sehr ver-
mögenden Spediteurs und Reeders. Sie hieß Herta und
ebenfalls entflammte Nebenbuhler gab es viele unter den
»befreundeten« Kommilitonen. Es kam zu romantischen
Szenen und zu Spaziergängen zu dritt und zu viert im
Englischen Garten. Allmählich glaubte er sich durchgesetzt
zu haben, da passierte die Katastrophe: Als er Herta
besuchen will, überrascht er sie in den Armen seines Freundes. Enttäuscht und gekränkt zeigt er der untreuen Dame
den Rücken.

Sein späterer Parteifreund, der Vorsitzende des Bayerischen Bauernvereins von Oberbayern, Dr. Jakob Fischbacher,[25] hat, anläßlich der Preisgabe dieser Jugendsünde
Baumgartners, den Satz gepägt: »So, a Preißin hast amal
gliabt? Sei froh, daß dös nix wordn is! Dös is ja a bluats
Schand, wenn a Bayer a Preißin heirat!« Bald darauf ent-
schlüpfte dem Dr. Fischbacher in hochdeutscher Rede das

84

Wort von dieser Blutsschande und löste beträchtlichen Ärger aus. Der damalige bayerische Landtagspräsident Dr. Horlacher[26] stellte den Frieden wieder her, indem er erklärte – und das, obwohl Fischbacher sein politischer Gegner gewesen ist –, der Redner wollte durchaus von keiner Blutschande sprechen, sondern nur von einer »bluats Schand«, was so viel heiße wie von einer großen Schande.

Im Handumdrehen ist Joseph Baumgartner während seiner Studentenzeit zum jungen Politiker herangewachsen. Seine Hauptaufgabe war es nun, Vorträge zu halten und Versammlungen zu organisieren. Die Zeitläufe waren aufregend. Die Kampfverbände der NSDAP zeigten sich allmählich in jedem Bauerndorf. Nicht selten kam es zu Störungen und gefährlichen Auseinandersetzungen. Die SA marschierte. Eine Wahl stellte der anderen die Urnen in die Wahllokale. Der junge Bauernvereins-Politiker träumte vergebens von einem beschaulichen Leben als Bauernverbands-Direktor oder gar Präsident. Und als Ende Januar 1933 Adolf Hitler Reichskanzler geworden war, hat dem Christlichen Bauernverein und den Bauernkammern und den Zentralgenossenschaften die Stunde der Auflösung geschlagen. Auch die Bayerische Volkspartei gehörte über Nacht der Vergangenheit an.

Eine schöne, beruhigende Episode von den letzten Stunden des bayerischen Parlamentes wußte Baumgartner zu erzählen: Die Straßen Münchens waren voll von singenden und marschierenden SA-Formationen. Er mußte in den Landtag, um im Auftrag Schlittenbauers eine Nachricht zu überbringen. Im Fraktionszimmer der Bayerischen Volkspartei saßen, Zigarren rauchend, etliche Herrn, unter ihnen der Fraktionsvorsitzende, der gewichtige Prälat Wohlmuth[27] aus Eichstätt, und spielten Tarock. »Ein hoch-

anständiges und würdevolles Buidl war dös! Draußen marschiert die SA und die ganze Welt geht unter und unserne bayerischen Politiker aber spuiln Karten.«
Dr. Joseph Baumgartner war arbeitslos geworden.

Die Lebensversicherung

Allzu milde fiel die Abrechnung der Nationalsozialisten
mit den Funktionären der christlichen Bayerischen Volkspartei nicht aus. Einige wurden in Schutzhaft genommen,
andere mußten fliehen. Der Christliche Bauernverein
wurde aufgelöst. Der Reichsnährstand trat an die Stelle
aller bäuerlichen Organisationen und Behörden. Zur Mit-
arbeit an diesem Reichsnährstand konnte sich Dr. Baumgartner nicht entschließen. Mutig blieb er den NS-Umtrie-
ben fern, trat auch keiner Ablegerorganisation des Hitler-
Regimes bei, weder dem NSKK noch einem akademischen
Bund. Er fing von vorne an, wurde Versicherungsvertreter
auf freier Provisionsbasis.

Auch andere stellenlose Nichtfaschisten wählten diesen
Beruf. Im Versicherungswesen konnte man vorübergehend
untertauchen, fiel man nicht auf. Der Direktor des ober-
bayerischen Christlichen Bauernvereins, Dr. Jakob Fischbacher zum Beispiel, wurde 1934 von einer Schweizer
Lebensversicherungs- und Rentenanstalt übernommen.

Der Start war schwierig. Ersparnisse hatte der junge
Bauernvereinssekretär kaum gemacht. Er lebte fast wieder
in dem Zustande eines mittellosen Studenten. Aber er war
immerhin der Herr Dr. Joseph Baumgartner und besaß
eine nicht zu unterschätzende Überzeugungskraft und
Redegewandtheit. Und an Verbindungen mangelte es ihm
nicht. Einige bayerische Ökonomen und ehemalige Mitglieder des Christlichen Bauernvereins haben damals Lebensversicherungen abgeschlossen. Die niedrigen Provisionen
tröpfelten zwar spärlich genug, reichten aber bald zu
einem Motorradkauf. Und dann ging es brav aufwärts.

Er wurde dreißig und dachte daran, eine Familie zu gründen.

In jenen Jahren der »Umwertung aller Werte«, in der »Erneuerung des deutschen Wesens durch den Nationalsozialismus« erfuhr des jungen Provisionisten Existenz Wagnis und Genuß der Unabhängigkeit und Selbständigkeit. Er war ledig und unbekümmert. Hier und da hinterließ er vorübergehend den Eindruck eines Bruder Lustig, ja den eines leichtsinnigen Faulpelzes. Ein gut aussehender, freier Versicherungsvertreter kommt über die freundlichen Beziehungen zur Damenwelt am ehesten zu unterschriftsreifen Abschlüssen. So soll er eine reifere Gutsbesitzers-Witwe zugunsten ihrer Kinder ausreichend lebensversichert haben. Sein hervorragendstes Geschäft aber – und das erzählen einige mit ihm befreundete Damen und Herren aus jener Zeit –, das war der Abschluß einer Reiseversicherung von 40 jungen Missionaren, die sich eben anschickten, in die afrikanischen und brasilianischen Urwälder zu ihren Missionsstationen zu reisen. Ihre Orden schlossen damals zur Aussendung der jungen Primizianten jeweils Lebensversicherungen ab; und das nicht nur wegen der damals noch lauernden kannibalistischen Gefahren.

Zur Unterzeichnung der Verträge mußte der erfolgreiche Agent nach Würzburg reisen mit seinem Motorrad. Er brachte von dort einen Rucksack voller Frankenwein mit und verschickte auch an eine Herzdame ein Kistchen Bocksbeutel aus dem berühmten Spitalkeller. Während wieder eine andere Bekannte ihn in Würzburg beim endlich geglückten Missionsabschluß glaubte und ihn dann im Kaffee Fürstenhof, schmerzlich überrascht, mit zwei anderen Damen an einem Tische plaudernd sah.

Aber plötzlich greift das Schicksal auch nach so einem unbekümmerten Lebensversicherungs-Vertreter, der sich einbildet, er könne mit seinem leichten Charme vielerlei Rollen spielen, den Dachauer Heiratsschmuser, den ausgesprungenen Pfarrerstudenten, den erfolgreichen ehemaligen Volksparteiler, den Frauenhelden und den Nationalökonomen! Es war gerade Faschingtag in München. In der Kaufinger-Neuhauserstraße trieben sich ein paar tausend Maschkera herum, bewarfen sich mit Konfetti und Luftschlangen, stürmten in die Wirts- und Kaffeehäuser, besonders da es plötzlich zu regnen und schneien begann. Die Tische waren überbesetzt. Fräulein Lilly, die Tochter eines Münchner Polizei-Obermeisters vom neunten Revier, saß in Begleitung ihrer Freundin aus bestem Münchner Kaufmanns- und Fabrikantenhaus, an einem Tisch, an dem noch ein Stuhl frei war. Da tauchte plötzlich ein rassiger, wendiger, dunkelhaariger junger Akademikertyp auf, grüßte charmant, setzte sich an den Tisch und fing auch gleich kräftig zu plaudern an, schimpfte auf SA und Hitlerjugend und erzählte von vierzig jungen Missionaren, die eben in den Urwald nach Afrika zögen, wo er manchmal auch nicht übel Lust hätte, hinzufahren. Die Bekanntschaft war gemacht; auch Lillys Adresse wurde herausgefragt und etliche Tage später kamen die Würzburger Bocksbeutel über das Polizeirevier in die richtigen Hände. Jetzt war man erst recht verwundert und sah sich wieder und wieder. Bald machten sie Ausflüge an den Tegernsee und es fing eine schöne Zeit an. »Das waren die schönsten Jahre, die wir hatten, damals, kurz vor und nach der Hochzeit, beim Goribauern im Elend bei Gmund am Tegernsee!« Da war er oft unbandig ausgelassen, spielte den Bauernknecht und den Handwerksburschen, den Salontiroler und den Filser. Er hat schuhgeplattelt und gesungen, Geschichten vorgelesen und selber erzählt. Alte Studentenfreunde haben die Baumgartner »im Elend« besucht und Herren von der Direktion der Allianz, »weil es da so lustig war«. – Aber Baumgartner spielte überall ein bißchen mit dem Feuer. Er las unbekümmert verbotene Bücher – laut sogar auch von Oskar Maria Graf, was nicht ganz ungefährlich gewesen ist anno 1936/37. Geradezu bayerische Abende hat er da inszeniert, berichtet schwärmerisch ein alter Schulfreund, ein heutiger Rechtsanwalt in Deggendorf. – Jetzt fuhr er schon den zweiten Wagen, nach dem P 4 einen DKW Reichsklasse. Seit der Verehelichung bezieht er 350 Mark monatliches Grundgehalt und bewohnt in München-Berg am Laim das Obergeschoß eines Zweifamilienhauses.

Es kommt der Einmarsch in Österreich. Baumgartner wird vorübergehend eingezogen zur Flak. Kontakte mit den Gleichgesinnten pflegt er eifrig. Er trifft sich mit Expräsident Schlittenbauer noch fast regelmäßig in einer Weinstube. Und alle Schuhe werden in der Schwanthalerstraße eingekauft, die Damen- wie die Herrenschuhe, beim Schuhhändler Dr. Dr. Alois Hundhammer. Im Sommer 1938 bietet sich ihm eine »einmalige Chance«: Sein Versicherungskonzern kauft eine kleine Grazer Lebensversicherungsgesellschaft auf, die Steiermärkische Phoenix. Man braucht für das dortige Büro einen zweiten Chef, einen Außenbezirksdirektor. Baumgartner nimmt an. Nach dem Motto »Österreich ist das wahre Bayern« reisen sie in die grüne Steiermark, in die vielliebe und schöne Stadt Graz. Er hat sich kaum richtig eingearbeitet, da wird er – anläßlich des Einmarsches der großdeutschen Hitlerarmee in die Tschechoslowakei – abermalen zum Heeresdienst einberufen.

Mitte August des Jahres 1939 kann er sich mit seiner jungen Frau zum ersten Mal in seinem Leben einen Auslandsurlaub leisten. Das große Ziel dieser »wunderschönen Reise« heißt Rom. Für den alten Scheyrer Benediktinerzögling und Freisinger Dombergstudenten bedeutet Rom mehr als nur die Besichtigung kunsthistorischer Kostbarkeiten. Hier residiert der Hl. Vater, hier empfindet er den Mittelpunkt der Christenheit. Unendlich viele Kirchen werden besichtigt, zahlreiche heilige Stätten besucht, die Katakomben und die Hl. Stiege nicht vergessen. Zum ersten Mal seit Jahren liest er keine Zeitungen! Den Ausbruch des zweiten Weltkrieges erfährt er am Urlaubsfrühstückstisch in Rom während der Lektüre eines Reiseführers aus dritter, vierter Hand und nebenbei. Aber dann fährt man doch gemütlich zurück, denkt gar nicht an den bereits überfällig vorliegenden Stellungsbefehl. In Graz wird nämlich Dr. Baumgartner von den Militärbehörden bereits gesucht. Mit einem Entschuldigungsgesuch wird er sofort eingezogen und kommt nach Polen doch schon zu spät. Seine erste Kriegsstellung werden die »Spicherer Höhen«, von denen aus er dann am Frankreichfeldzug teilnimmt. 1941 bekommt er einen längeren Arbeitsurlaub und leitet wieder sein Grazer Versicherungsbüro. Da bricht über ihn – einem entsetzlichen Unglück gleich – die Gestapo herein. Er hält vor etlichen vierzig Lebensversicherungs-Inspektoren gerade einen Vortrag im Grazer Hotel »Erzherzog Johann« und legt dem Freimut seiner Rede keine Zügel an, macht spöttische Bemerkungen über Hitlers Kriegsziele. Und fleißig, wie er den »Erzherzog Johann« verläßt, empfangen ihn zwei Herren und eröffnen ihm: »Dr. Baumgartner, folgen Sie uns, Sie sind verhaftet!« Er wird in die Grazer Gestapozentrale gebracht und dort neun Wochen lang peinlich verhört. Die schreckhaften Szenen und das Geschrei und Gewimmer der Gefolterten bleiben ihm seiner Lebtag im Gedächtnis. Durch das mutige Auftreten seiner Frau und die Verwendung der

Allianz-Direktion kam Dr. Baumgartner unbehelligt aus der Gewalt der gefürchteten Geheimen Staatspolizei und wurde sofort an die Ostfront abgestellt. Es war gerade Mai 1942. Sein Sohn Wolfgang war ihm am 10. April 1942 geboren worden.

Unser Held aus Sulzemoos überlebte die kommenden schweren Jahre im Mittelabschnitt und lag gegen Kriegsende als Wachtmeister einer Flakbatterie in der Nähe von Kattowitz. Er gerät in russische Gefangenschaft und ergreift sofort die Flucht. Sie gelingt ihm, da er sich, wie er erzählt, überzeugend genug als französischer Jude hätte ausgeben können. Er wandert durch Mähren und Niederösterreich nach Graz, sucht Frau und Kind und findet beide in Schladming. Aber seine Kräfte sind erschöpft, er wird schwer krank. Ein englischer Arzt stellt gar Flecktyphus fest. Aber schon nach etlichen Tagen drängt er nach München. »Ich muß jetzt in München sein, koste es, was es wolle!« Er macht sich schwankend auf den Weg und erscheint Ende Juni in Sulzemoos. Die nächsten Wochen über fährt er fast täglich mit dem Fahrrad nach München. Hier findet er bereits eine Bayerische Staatsregierung vor mit dem ehemaligen Vorsitzenden der Bayerischen Volkspartei, Fritz Schäffer[28], als kommissarischem Ministerpräsidenten.

Er trifft alte Bekannte in den provisorischen Ministerien. Zahlreiche neue Namen sind ihm fremd. Am 28. Juni 1945 antichambriert er beim Leiter des Amtes für Ernährung und Landwirtschaft, dem Staatsrat Rattenhuber[29]. Am 14. August 1945 wird im Münchner Rathaus, das den Bombenkrieg überlebt hat, die große Gründungsversammlung der CSU abgehalten. Dr. Joseph Müller wird der erste Landesvorsitzende. Von ihm stammt der Name der neuen Partei, die eine »Union« sein will; den Namen

Partei konnte man nicht mehr ausstehen. Dieser Rechtsanwalt Dr. Joseph Müller war eben aus seiner langen und stets lebensbedrohenden KZ-Haft nach München gekommen und genoß das Vertrauen der Besatzungsmächte in besonderem Maße, war er den Geheimdiensten doch als einer der ersten Widerstandskämpfer gegen das Hitlerregime gut bekannt. Dr. Müller also konnte sich dem Ministerpräsidenten Fritz Schäffer gegenüber durchsetzen in der Zweckmäßigkeit und Möglichkeit eines parteipolitischen Beginnens. Die Bayerische Volkspartei hatte anno 1933 zu kampflos das Feld geräumt. Auch der Münchner Oberbürgermeister Dr. Karl Scharnagl[30] war von den Ideen Dr. Müllers angetan. Der von den Amerikanern in Unterfranken eingesetzte Regierungspräsident Adam Stegerwald[31] hatte im bayerischen Norden damals auch gerade eine neue Partei gründen wollen, »eine starke Brückenbaupartei zwischen Stadt und Land und zwischen Katholiken und Protestanten mit christlich-kultureller und sozialer Grundhaltung.« Und diese Partei sollte trotzdem kein bunter Interessentenhaufen werden, sondern sie sollte sich als eine »nationale, christlich-kulturelle Staatspartei großen Stils« verstehen. Schon am 8. Januar 1946 erhielt die CSU von der amerikanischen Militärregierung eine Lizenz.

Dr. Baumgartner kannte Dr. Müller schon vor dem Jahr 1933. Spätestens im Juli 1945 hat er zu Dr. Müller Kontakt aufgenommen und war auch von den Unionsideen des Rechtsanwaltes angetan. Ein alter Zettel notiert für den Anfang August Reisemarken nach Nürnberg. Trotz der armseligen Zustände im ganzen Land, trotz des Hungers und der erbarmungswürdigen Flüchtlingszüge, trotz der ausgehungerten Heimkehrer, der Obdachlosen und der Millionen, die an Hunger litten, war dieser aller-

erste Anfang und Aufbau einer demokratischen Partei
ungemein begeisternd. Es war beinahe philosophisch welt-
fremd, jetzt von Idealen zu sprechen, von einem Rechtsstaat, nach den Tagen einer mordenden Justiz, von dem
Entwurf einer Verfassung, von konstituierenden Versammlungen, von parlamentarischen Einrichtungen, von
Ministern und Staatssekretären. Es gab ja nur Bürgermeister und eine Militärregierung. Nach dem Subsidiaritätsprinzip wuchsen aus diesen Gemeinden allmählich die
neuen Landkreise, Bezirke und der Freistaat Bayern
heraus. In diesen Tagen wurden die ersten Striche gezogen auf der blutig gereinigten tabula rasa – Deutschland –
und Dr. Joseph Baumgartner war dabei.

Schon der Tatsache wegen, daß Baumgartner an der
Mitbegründung der Christlich-Sozialen Union und damit
am Neubeginn demokratischen Lebens teilhatte, darf sein
Andenken nicht mit dem Odium eines Zuchthäuslers be-
schwert werden.

Es waren nicht viele Männer, die 1945 willens, begabt
und unbescholten genug waren, ihre Energie für ein neues
politisches Ideal zu opfern. Man hatte ohnehin schon genug mit der eigenen Not zu tun. Herren wie Freisehner[32]
und andere haben lieber an einen lukrativen Wursthandel
gedacht. Wer wohlhabend werden wollte, mußte damals
schwarz handeln. Es gibt heute noch ungeheure Reich-
tümer, die seinerzeit von entschlossenen Schleichhändlern
begründet worden sind. Daß man jetzt kinderleicht und
ohne Wartejahre mittlerer und hoher, ja höchster Beamter
werden konnte, und das nicht selten ohne die geforderte
Ausbildung, hat sich natürlich auch bald herumgesprochen.
Unendlich viele Kommilitonen, Akademiker aller Fakul-
täten hatten der NSDAP angehört und waren von ihren
unkündbaren Beamtenstellungen, kraft der Entnazifizie-

rungsgesetze der Militärregierung, jahrelang suspendiert. Beinahe ebensoviele waren gefallen. Es kam zu makabren Szenen. Ein Regierungsrat einer hohen Behörde zum Beispiel bewarb sich nach seiner Heimkehr wieder um seine Position, erhielt aber nach der Abgabe seines Fragebogens, auf dem er die Mitgliedschaft zur SA nicht verschwiegen hatte, einen ablehnenden Bescheid vom Personalreferenten, der wegen jener Mitgliedschaft das Gesuch ablehnend verbescheiden mußte. Unterschrieben war die Karte mit »Hans Karl«. Der Gesuchsteller bekam einen roten Kopf. Er kramte in der Schublade seines noch vorhandenen Schreibtisches und fand eine alte, ähnliche Karte aus dem Jahre 1934: »... und müssen wir eine Übernahme in den Staatsdienst daher verweigern, es sei denn, Sie treten in eine der Organisationen der NSDAP ein. Gezeichnet Hans Karl, Personalreferent.« Nur gute zehn Jahre lagen zwischen den beiden Karten. Der Hans Karl war der alte geblieben und einer jener wenigen ganz schlauen Beamten gewesen, die sich selber niemals organisieren ließen.

In jenen Tagen also standen einem Dr. Joseph Baumgartner, einem nachgewiesenen Gegner der NSDAP und ehemaligen Parteisekretär der BVP, alle Türen offen. Am 15. August 1945 wurde er Personalchef im Amt für Ernährung und Landwirtschaft. Im September zählte er zu den maßgebenden Gründerpersönlichkeiten des Bayerischen Bauernverbandes. Man vereinigte die alten Bauernkammern und den Christlichen Bauernverein mit den liberalen Bauernbündnissen zu dieser überparteilichen Standesvertretung des gerade abgehalfterten nationalsozialistischen Reichsnährstandes. Dr. Baumgartner wollte der Präsident dieses Bauernverbandes werden. Von jeher war es sein Herzenswunsch gewesen, an der Spitze einer bayerischen Bauernvertretung zu stehen wie weiland Dr. Georg Heim oder Sebastian Schlittenbauer. Aber schon 1945 ist ihm das nicht geglückt. Bauernverbandspräsident wurden Fridolin Rothärmel[33] und Alois Schlögl[34]. Dr. Baumgartner hat sich vergebliche Hoffnungen gemacht.

Für ihn hatte das Schicksal einen Ministerposten bereit gehalten, eine exponierte Spitzenstellung, ausgesetzt der Ungunst politischer Zänkereien, ministerialbürokratischer Intrigen, den täglichen Versuchungen einer stets aktiven Lobby, dem Geschwätz eifersüchtiger Ohrenbläser, hartnäckiger eitler Möchtegerne, Schmieranten, Betrüger, Hochstapler, den Vorträgen hilfesuchender Bittsteller und gutmeinender Ratgeber. Minister werden ist nicht leicht. Minister sein ruiniert die Nerven, Minister bleiben kann tödlich sein.

Wenn später — in dem zwei Jahre Zuchthaus aussprechenden Urteil der Zweiten Strafkammer des Landgerichtes München I vom 8. August 1959 — die Herren Richter Dr. Wonhas, Mößner und Wolf mit den Schöffen Inge Groene und Franz Walter ihren harten Spruch begründen und keine mildernden Umstände gelten lassen wollen, obwohl sich Dr. Baumgartner als Minister zur Verfügung stellte und sich — wie das große Bundesverdienstkreuz zeige — »hierbei besonders verdient machte«, dann deshalb, weil der Angeklagte sein hohes und angesehenes Amt zur »Verfolgung persönlicher materieller Interessen« ausnutzte bzw. auszunutzen versuchte. Wenn also diese Richter später die jahrelangen Mühen und Plagen Baumgartners in der allerschwersten Zeit unseres Vaterlandes mit diesen undankbaren, geradezu schadenfroh klingenden Sätzen abtun wollen, ja diese Verdienste fast in strafbare Tatbestände ummünzen und die Untadeligkeit Baumgartners als Minister ganz allgemein verneinen, dann ist und bleibt so ein Urteil – ausgesprochen in dem satten Friedensjahr 1959 in einem vielgepriesenen Rechtsstaat – ein himmelschreiendes Unrecht in alle Ewigkeit! – Nicht Gott, der Teufel wird dieses Urteil einmal kassieren: Denn alle jene Männer, die im Herbst des Jahres 1945 in unserem Land befähigt waren, Minister zu werden, mußten von Haus aus außergewöhnlich weiße Westen vorweisen können. Sie durften in den zwölf Jahren der Nazidiktatur keine Kollaborateure gewesen sein, ja nicht einmal Mitläufer. Die meisten von ihnen waren vielmehr Antifaschisten und Widerstandskämpfer gewesen. Es hat Charakterstärke dazugehört.

Auch Professor Dr. Joseph Baumgartner war wegen eines Vergehens gegen das »Heimtückegesetz« seinerzeit in Graz von der Gestapo verhaftet worden. Er hatte aus seiner Gegnerschaft zum Nazi-Regime niemals ein Hehl gemacht und hatte zu Beginn der Nazizeit seine Existenz verloren. Er war nicht nur »nicht vorbestraft«, er war ein Mann von Meriten. Er hat nicht durch »sein gewissenloses Lügen … eine verfassungsmäßige Institution in aller Öffentlichkeit desavouiert«, wie die Richter straferschwerend ausführen. Er, der den demokratischen Parlamentarismus in Bayern von der ersten Stunde an mitaufgebaut hat, der mit Temperament und großer Leidenschaft ein bayerischer Parlamentarier gewesen ist, der nichts verehrungswürdiger hielt unter den säkularen Einrichtungen Deutschlands als eben dieses bayerische Parlament – denn er war ein stolzer und entflammter Föderalist –, ihm hätte nicht einmal sein Todfeind »Desavouierung« einer »verfassungsmäßigen Institution« vorwerfen dürfen! – »Desavouierung«, sehr geehrte Herren Landgerichtsdirektoren, klingt das nicht synonym und onomatopoetisch ähnlich wie »Defaitismus«? Ein in totalitären Systemen von Richtern gern gebrauchter Wortschatz: »... der Angeklagte gehört zu jenen subversiven Elementen, die durch ihre defaitistische Gesinnung den Wehrwillen anständiger Deutscher zu desavouieren suchen und mit Deserteuren auf einer Stufe stehen...«

O nein! Joseph Baumgartner hat – trotz der Streitlust eines demokratischen Politikers – in den 14 Jahren seiner parlamentarischen Quicklebendigkeit die Ehre des Hohen Hauses niemals verletzt. Er hat viele Reden gehalten und war oft in hitzigen Debatten verstrickt – und doch haben ihn die Herren Landtagspräsidenten nur selten rügen müssen.

Gewiß, die Zulassung von Spielbanken in Bayern durch die »Viererkoalition« hat Staub aufgewirbelt und auch etliche Bestechungen mögen vorgekommen sein. Aber bestochen ist nicht Baumgartner worden und mit Verdächtigungen und Spektakeln hat nicht die Bayernpartei im Landtag angefangen. Die Genehmigung von Spielbanken hätte ohne Geschrei vor sich gehen können, wenn in der Öffentlichkeit diese Spielkasinos nicht jahrelang mit dem Odium der Unmoral zitiert worden wären. Einstweilen spielen sie dem Staat jährlich über dreißig Millionen ein – ohne daß es einem einzigen Bürger weh täte! Denn wer maßlos spielt und sich selbst ruiniert, handelt erst verantwortungslos und leichtsinnig. Die meisten Menschen spielen ohnehin überhaupt nicht. Und für den sozialen Wohnungsbau sind dreißig Millionen doch eine schöne Summe. Spielbanken sind kameralistisch durchaus nicht sinnlos. Der Vatikan soll an Spielbanken beteiligt sein, heißt es. Und wer Glück im Spiel hat, vermißt es nicht in der Liebe. Ohne Steuererhöhung das Staatseinkommen jährlich um gut dreißig Millionen vermehren können, ist doch auch eine Tat! Das Geld stammt ohnehin nicht zum geringsten

Teil von »Spielernaturen«, die, gäbe es in Bayern keine Spielbanken, ihre Summen im Ausland, in Baden-Baden, Wiesbaden oder Salzburg verspielen würden. Übrigens kann der Beweis erbracht werden, daß die Spielbanken ihren Gemeinwesen wirtschaftlichen Aufschwung gebracht haben.

Ausgezeichnet ist die Tat der CSU-Regierung der Kabinette Hans Seidel[35] und Ehard[36] – und nicht genug gelobt werden kann sie –, alle Spielbanken Bayerns verstaatlicht zu haben. Das hätte weiland der Regierung der Viererkoalition schon einfallen sollen! Die hätten sich das aber nie getraut, denn das bordellhafte und profitgierige Geschäft eines Spielbankhalters – wie damals die Weihbischöfe und Stadtpfarrprediger diese urzivile fiskalistische Beglückungsaktion gerne abkanzelten – hätte man niemals einer so hochmoralischen Anstalt, wie es ein Finanzministerium darstellt, unterstellen dürfen, ja nicht einmal dem Herrn Polizeiminister! – Die Spielbankkonzessionäre gerieten in den Ruf, zwielichtige Gestalten zu sein – mit einwandfreiem Leumund zwar und einer nachgewiesenen Million Vermögen. »Halt ehrenwerte Herren wie dieser Herr Karl aus Gmünd in Niederösterreich, bittschön!« So schrieben die Zeitungen, so dachten die Leut. Und die Herren Bankiers Simon Gembicki[37]. Stöpel, von Richthofen, Bärnkopf und Heidtmann, Gustavus, Shelley und Bontke, Lenz, Harwarth und andere gingen in den bayerischen Ministerien ein und aus.

Wie hoffnungslos befangen war das Kabinett Wilhelm Högners[38]! Wie spielbankneurotisch altmodisch! Heute prangt über den Portalen der strahlenden und solid-eleganten Spielpaläste das bayerische Staatswappen. Die Marmortreppen gleißen, die Chetons werden hin und her geschoben. – Rien ne va plus – Nichts geht mehr! Und

worüber die Großväter im Spielbankenausschuß einmal
ihre bedenklichen Köpfe schüttelten, wachen die integeren
Augen von Ministerialräten. Wer will da nicht schnell ein
paar Mark riskieren? – Zwanzig, dreißig, fuchzig? Man
könnte damit ein Vielfaches gewinnen! – Es gibt keine
kurzweiligere Göttin als Fortuna. In reiferen Jahren kaum
mehr Frau Venus.

Dem Professor Dr. Joseph Baumgartner aber schwollen
im Gefängnis Stadelheim die Füße an, er hatte 260 Blutdruck, war schwer kreislaufgestört und seelisch ein Wrack.
Recht geschah ihm! Er hatte eine nebensächliche Frage
Hanauers[39] nicht falsch, aber doch ungenau und nicht
erschöpfend ausführlich genug beantwortet vor dem Spielbankenausschuß am Montag, dem 5. Dezember 1955 im
Maximilianeum. Zehn Jahre vorher, am 3. Oktober 1945,
hat noch kein Mensch an die Errichtung von Spielbanken
in Bayern gedacht. Damals stellte Dr. Wilhelm Hoegner
sein erstes Kabinett vor. Arbeitsminister war Albert Roßhaupter[40] (SPD), Wirtschaftsminister ein gewisser, partei-
loser Dr. Ludwig Erhard[41] und Minister für Ernährung
und Landwirtschaft Dr. Joseph Baumgartner (CSU). Die
Wirtschaft war total zusammengebrochen und die Ernährung war hundsmiserabel ungenügend.

Ernährungsminister und Föderalist

»Seit Anschluß der amerikanischen an die britische Zone haben die bayerischen Verbraucher eine schwere Enttäuschung erlebt. Wir Bayern haben die Opfer bringen müssen! Wir sind von 1000 g Fleisch auf 400 g heruntergegangen, von 300 g Fett auf 150 g! – Wo ist die Gegenlieferung der britischen Zone an landwirtschaftlichen Bedarfsartikeln geblieben? Unsere Bauern haben keine Hufeisen, kein Leder, keine Sensen, zu wenig Kunstdünger, Kali, Stickstoffe und Phosphate...« Der neue demokratische Landwirtschaftsminister reist durchs Land und ermahnt die Bauern – trotz der mißlichen Lage –, das Ablieferungssoll genau zu erfüllen. Es ist die Zeit der Lebensmittelmarken. Eine 10-Gramm-Fettmarke ist wichtiger als fünf Mark. Die Metzger und Bäcker kleben nächtelang die eingenommenen Lebensmittelmarken zusammen und es wird genau gerechnet. Denn nach den Marken richten sich die Bezugsscheine für die zugewiesenen Kontingente.

Das Ministerium für Ernährung und Landwirtschaft ist wichtiger als die Staatskanzlei, als alle anderen Ministerien zusammen. Im Handumdrehen ist Dr. Joseph Baumgartner der berühmteste Staatsmann, den Bayern je gehabt hat. In großer Gala stattet ihm 1945 noch der große Kirchenfürst Kardinal Faulhaber in den ärmlichen Räumen seines Ministeriums einen offiziellen Besuch ab.

Und immer neue Leute strömen ins Land. Millionen von Flüchtlingen, Menschen aus der Ostzone und aus Berlin. Die bayerische Landwirtschaft muß sie alle ernähren. Baumgartner wird zum Symbol der Ernährungskraft Bayerns, wird buchstäblich zum ägyptischen Joseph.

Und er ist der Aufgabe gewachsen – trotz ihrer Ungeheuerlichkeit und trotz der Erbärmlichkeit der Rationen.
Es sind jahrelang Hungerrationen. Aber die »Versorgung«
bricht nie ganz zusammen, die Hungersnot wird nie zur
Katastrophe. Der Minister ist unermüdlich. Er weiß, daß
die Bauern allein der Notlage nicht Herr werden können,
denn es fehlt an Kunstdünger. Die über das ganze Land
verhängten Stromsperren, die die Militärregierung auf seinen Rat hin angeordnet haben, werden von den Stickstoff-
werken in Trostberg dringend für notwendig erachtet,
damit wenigstens etwas Kunstdünger in den Boden
kommt. Freilich geht der Trostberger Dung auch nach
Hessen, ins Rheinland und in andere Länder. Den Strom
dazu aber liefert Bayern. Jenes Bayern, von dem es später heißen wird, daß es nicht fähig sei, ohne die anderen
deutschen Staaten wirtschaftlich lebensfähig zu bleiben! In
Wahrheit sind wir auch dann noch lebensfähig, wenn
andere deutsche Staaten nicht mehr leben können.

In den Jahren 1945/46 und 1947/48 will Baumgartner
allerweil noch dem ganzen deutschen Volke, über Bayern
hinaus, zu Hilfe eilen. Er ist noch bei der CSU. »Das
bayerische Bauerntum ist seit 1400 Jahren der Träger des
Staatsgedankens und es wird auch heuer wieder all das
Wenige, das es hat und erzeugt, unserem bayerischen,
unserem deutschen Volk brav zur Verfügung stellen!« –
Wenn das Bauerntum jetzt versage, dann würden nicht nur
Hungerepidemien Tausende hinwegraffen, dann würden
morgen schon zahlreiche Krankheiten und Seuchen die
Bevölkerung dezimieren. Immer wieder in seinen Reden
betont er, wie wichtig jetzt die Hilfe des Auslandes wäre!
Er wird zum unermüdlichen Bittsteller bei den Besatzungs-
offizieren, nennt die Einfuhrzahlen an Lebensmitteln, de-
tailliert nach Getreidesorten, Futtermitteln, Fleisch, Fett,

Obst und Gemüse, die man vor dem Krieg in Bayern importiert hätte und auf die man jetzt fast ganz verzichten müsse. Bayern habe derzeit ein Gemüsedefizit von 450 000 t, ruft er aus, habe es aber übernommen, 1600 t Gemüse heuer nach Berlin und ins Ruhrgebiet liefern zu müssen. »Ich habe den Besatzungsmächten erklärt, daß wir das einfach nicht können, weil unsere Städter eben selbst kein Gemüse bekommen werden wegen der großen Trockenheit heuer ...«

Der Minister, der am häufigsten am Rundfunk zu hören ist, ist Dr. Joseph Baumgartner. »Der bayerische Staatsminister für Ernährung, Landwirtschaft und Forsten spricht zur Ernährungslage«, heißt es beinahe jeden Monat. Er entschuldigt sich für die geringe Fettzulage auf Weihnachten, könne dafür aber 100 g mehr Zucker bieten! Er bittet die Hausfrauen, nicht zu verzagen, aber wo nichts ist, könne er nichts hergeben. Er spricht vor den Gremien der Bauernschaften. Er redet ihnen kräftig ins Gewissen, er verlangt den letzten Tropfen Milch, das letzte Ei, den letzten Krautkopf. Die Viehzählungskommissare kommen überraschend und spüren den letzten Winkel im Stall auf, daß ja kein Kälbchen, daß ja kein Schweinchen unregistriert bleibt!

Es gibt in Bayern zu wenig Kühlräume, zu wenig Dosen, zu wenig Blech für Dosen usw. Er seufzt über die schwierige Erfassung mancher Lebensmittel, z. B. des Obstes. »Man müßte hinter jeden Obstbaum einen Gendarm stellen und zum Gendarm noch einmal einen Gendarm!« Da lachen die Hungernden, brechen in eine große Heiterkeit aus, denn Witze über die Eßlust kommen in diesen Jahren am besten an. Und der Minister fügt gutgelaunt noch die Bemerkung hinzu: »Der mag ja auch einen Apfel essen.«

Er fordert Auslandskredite und Handelsverträge. Seine Sprache wird da immer deutlicher, ja radikaler: »Wir fordern endlich einen deutschen Handelsvertrag, damit wir wieder an den Weltmarkt angeschlossen werden und nicht mehr in diesem Konzentrationslager Deutschland leben müssen!«

An Mut hat es ihm zu keiner Stunde gefehlt. Die Parlamente und die Regierungen waren damals ja noch machtlose Institutionen, die man hier und da »probeweise« Initiativen entwickeln, ansonsten aber das demokratische Regieren erst erlernen ließ. Langsam faßten die Militärgouverneure Vertrauen. Nach der Verfassunggebenden Versammlung im Spätherbst 1946, im ersten Kabinett des Ministerpräsidenten Hans Ehard, nachdem die eben erarbeitete Bayerische Verfassung auch von der Militärregierung gebilligt worden war, wurde die Arbeit der einheimischen Regierung selbständiger, war aber immer noch der Militärregierung verantwortlich. Das Genehmigungsprotokoll der Militärregierung zur Bayerischen Verfassung verbietet die Errichtung eines von Deutschland getrennten, eines separaten Staates Bayern!

Dr. Joseph Baumgartner legte sich bei seiner Streitlust nicht selten auch mit den Besatzungsmächten an. Einmal, in einer Rede vor dem Landtag, der damals gerade im Brunnenhoftheater in der Residenz tagte, am 24. April 1947, wurde er gefährlich massiv. Natürlich sprach er als Ernährungsminister über und gegen den Hunger. In seinem bayerischen Jähzorn steigerte er sich in immer schärfere Tonarten. Es gebe keine Kollektivschuld und darum dürfe es auch keinen Kollektivhunger geben, rief er aus. Nicht die hungernden deutschen Kinder hätten diese Lage verschuldet, nicht die deutschen Frauen diese Not und auch »nicht wir Antifaschisten haben dieses furchtbare Elend über Deutschland gebracht«. Angesichts des Hungers von Millionen appellierte er an die humane Gesinnung einer humanen Welt, denn Hitler hätte seine Tyrannei, seine Aufrüstung und seinen Krieg ohne Auslandshilfe niemals fertiggebracht, nicht ohne die Unterstützung durch die USA 1934 in der Form einer Dollarabwertung, die Hitlers Auslandsschuld um 40% vermindert hätte. Ebenso hätte das englisch-deutsche Zahlungsabkommen von 1934 Hitlers Aufrüstung wesentlich unterstützt. Und auch Stalin hätte damals dem Reich für eineinhalb Milliarden Industrieaufträge zukommen lassen.»Dazu kamen noch andere ausländische Handelsverträge, kamen die Gesandtschaften der auswärtigen Mächte am Hofe des allgewaltigen Hitler, kamen die Neujahrsempfänge der ausländischen Diplomaten und kamen die Besuche der Diplomaten bei den Parteitagen in Nürnberg. Und der Deutsche Gruß dieser ausländischen Diplomaten bei der Olympiade in Berlin!«

»Jetzt werden sie ihn nicht nur absetzen, jetzt werden sie ihn gleich verhaften«, meinten seine Freunde in der CSU. Es ist ihm nichts passiert. Die Amerikaner haben seine Debattierlust und sein forsches Temperament gelten lassen. Er wurde kurz darauf sogar in Berlin von General Clay [42] empfangen und hat eine Konferenz der Landwirtschaftsminister aller Zonen vorgeschlagen. Auch der russische General Kolesnitschenko hat ihm eine lange Unterredung gewährt und abends ist er Gast im russisch-deutschen Club. Während seiner Reise nach Berlin hat Baumgartner die in der Ostzone damals eben durchgeführte Bodenreform studiert am Beispiel einiger aufgeteilter Großbetriebe in Thüringen. Die Neugestaltung der Dörfer hat ihn dabei am meisten interessiert. Hatte er doch schon als Student über das Thema Bodenreform gearbeitet.

Einen ausführlichen Bericht dieser Ostzonenreise des bayerischen Landwirtschaftsministers hat das »Informationsblatt der Kommunistischen Partei« abgedruckt. Geschildert hat diese Reise niemand anderer als der bayerische Altkommunist Richard Scheringer, der die Fahrt durch Thüringen-Sachsen-Berlin mitgemacht hat und auf der Autobahn bei Kösching – wo Scheringer in der Nähe seinen Jurahof hatte – in den Ministerwagen zugestiegen ist. Bei Feucht zwängt sich auch noch der landwirtschaftliche Sachverständige der Liberaldemokraten mit seinem Reisekofferl in das Ministerauto. Dann finden sie den Grenzübertritt nicht, verfahren sich, kommen endlich zum amerikanischen Posten und da steht auch schon der Landwirtschaftsminister des Landes Thüringen, Herr Dr. Große, und begrüßt den bayerischen Kollegen herzlich.

Das waren noch Zeiten, da der Baumgartner Joseph sogar gesamtdeutsche Kontakte gepflegt hat! Und der bayerische Kommunist Richard Scheringer schildert nicht ohne Wärme und Freundlichkeit die zahlreichen Erlebnisse und Begegnungen im Informationsblatt seiner Partei, während die »westlich eingestellten« Blätter den dreitägigen Zonenaufenthalt Baumgartners verschweigen und nur von der Audienz beim amerikanischen Generalgouverneur berichten. Der Kommunist Scheringer schreibt da z. B. »... Obgleich ich als politischer Gegner des Ministers in den letzten eineinhalb Jahren manchen Strauß mit ihm ausgefochten hatte, wegen der ungenügenden Intensivierung der Landwirtschaft und der verhinderten Bodenreform in Bayern, war ich jetzt seinem Ruf besonders gerne gefolgt, weil er den Ton der Einheit Deutschlands anklingen ließ. Außerdem hatte Baumgartner mit seiner Einladung bewiesen, daß er eine sachliche Kritik verträgt, ohne sich von Notwendigkeiten abdrängen zu lassen, vor denen wir, angesichts der tiefen Verelendung des Volkes, alle gemeinsam stehen.« »Die verhinderte Bodenreform in Bayern« 1945/46 geht zum nicht geringen Teil auf den kirchentreuen Landwirtschaftsminister zurück. Die Militärregierung hatte zeitweise gegen die Zerstückelung des wenigen bayerischen Großgrundbesitzes nichts einzuwenden gehabt. Im ersten Kabinett Hoegner wurden darüber Beratungen angestellt. Einer der größten Grundbesitzer Bayerns war damals aber die katholische Kirche mit ihren vielen Pfarrpfründen. Scheringer kannte diese Zusammenhänge.

Immer entwickelt Baumgartner neue Sofortprogramme. Er schafft eine höhere Zuckerzuteilung auf Weihnachten 1946, die er dann durchzuhalten verspricht . . . durch eine Verdoppelung der Zuckerrübenanbaufläche. Mit der Fettversorgung gibt es die meisten Schwierigkeiten. Hauptnahrungsmittel in ganz Deutschland ist die Kartoffel. Bis in den Herbst 1947 hinein gelingt es ihm, die Kartoffelversorgung seiner Bayern zu sichern. Jeder Bürger bekommt seine zweieinhalb Zentner zur Einkellerung und dazu liefert Bayern noch eine erhebliche Menge Kartoffeln ins Rheinland; 1946 konnte Bayern noch über drei Millionen Zentner Kartoffeln ausführen (156 000 t), 1947/48 reichte die Ernte nicht einmal mehr für den bayerischen Bedarf. So schlecht war die Ernte des Jahres 1947. Die durch Trockenheit verursachte Mißernte wirkte sich in ganz Deutschland aus.

In Frankfurt am Main arbeitete mittlerweile der » Wirtschaftsrat der Zonengemeinschaft« und die Direktoren und Referenten dieser ersten gesamtdeutschen Behörde hatten eigene Ablieferungszahlen entwickelt. Dr. Baumgartner war empört. 128 000 Tonnen Kartoffeln sollte er sofort nach Württemberg-Baden und 8000 Tonnen nach Hessen liefern. Bayern würde widrigenfalls kein Brotgetreide aus den zu erwartenden Importen erhalten. Der bayerische Landwirtschaftsminister griff diese Anordnung des Zweizonen-Verwaltungsamtes für Ernährung und Landwirtschaft in Frankfurt scharf an. Diese Herren seien Diktatoren, die keine Absprachen mit den Landwirtschaftsministern der Länder träfen, sondern einfach Befehle ausgäben wie in den Zeiten des Berliner Reichsnährstandes unter Adolf Hitler. Sie seien ja auch alle ehemalige Beamte aus dem Reichsnährstandshauptamt in Berlin. Und kein Bayer sei unter diesen hohen Ministerialbeamten zu finden. Bayerische Bewerber habe man abgewiesen! Baumgartner fertigte für die bayerische Presse entsprechende Namenslisten an. Und Parteigenossen seien diese Herren wahrscheinlich auch alle gewesen! Und überhaupt sei der schlimmste der Stellvertreter des Direktors Schlange-Schöningen, der jetzige sozialdemokratische Ministerialrat Hans Podeyn, der sich gebärde wie der »wildeste Nationalsozialist«. Es kam zu einem gewaltigen Skandal. Ministerpräsident Dr. Hans Ehard bat den Direktor des Landwirtschaftsamtes für den nächsten Tag nach München. Das Kabinett tagte in Permanenz. Die Presse ganz Deutschlands berichtete in großen Schlagzeilen über den »Kartoffelkrieg«. Der Protest nützte indessen nicht viel, da die Militärregierungen auf der Durchführung der Frankfurter Lieferquoten bestanden. – Die Auseinandersetzungen über die Kompetenzen des Wirtschaftsrates gingen weiter. Einflußreiche Hauptratgeber der Amerikaner waren damals eben schon wieder deutschnationale Zentralisten gewesen.

Aus dem Kartoffelkrieg wurde eine hochbrisante Diskussion über das zu berücksichtigende föderalistische Prinzip beim Wiederaufbau eines gesamtdeutschen Staatenbundes. Damit war Dr. Baumgartner bei dem großen Thema seiner Staatsphilosophie, beim »Subsidiaritätsprinzip«, das er, angeregt durch die Enzyklika »Quadragesimo anno«, aus dem Naturrecht und einer christlichen Staatsethik herleitete und für die einzig gemäße Form des deutschen Föderalismus hielt.

Angesichts einer drohenden Hungerkatastrophe und der Ankündigung einer noch weiteren Herabsetzung der armseligen Rationen waren diese theoretischen Auseinandersetzungen von vielen Realpolitikern der Union für zu wenig bedeutsam gehalten worden. Nicht wenige sahen gerade in einem stärkeren Zusammenschluß der Länder auch das wirtschaftliche Heil. Joseph Baumgartner widersprach energisch: »Das Geschwätz von einer gesamtdeutschen Zusammenarbeit nützt nichts, wenn wir Bayern immer die Benachteiligten sind – bei der Kohleverteilung, beim Pferdeaustausch, bei der Lieferung von Dosenblech, bei der Viehwirtschaft, beim Strom usw. Ich weiß, warum ich mit unserem Ministerpräsidenten diesen Kampf für Bayern in so scharfer Form geführt habe und warum wir seinerzeit Wert darauf gelegt hätten, im Zentralamt für Landwirtschaft vertreten zu sein. Damit wir mitreden können, nachdem wir täglich und stündlich die Ausgeschmierten sind!«

Er requiriert Kühlräume bei den Brauereien, um das Fleisch, das durch die Viehbestandsminderungen – wegen Futtermangel – in großen Mengen anfällt, lagern zu können. »Man hat von uns verlangt, daß wir nur 300 g Fleisch (statt 400 g) ausgeben dürfen. Ich habe das abgelehnt, weil wir sonst das andere Vieh wieder in die britische Zone hätten liefern müssen ...« – Er bittet die Gewerkschaften um die Erlaubnis von Überstunden für die Schlachthofangestellten.

Es hilft alles nicht viel. Noch haben wir gar keinen Bund, sondern nur einen provisorischen Zweizonenwirtschaftsrat, aber doch schon gilt der Satz »Bundesrecht bricht Landesrecht«. General Mc. Ready hat, auf Baumgartner gemünzt, am 11. November 1947 auf einer Pressekonferenz in Frankfurt diese Töne angeschlagen.

Der bayerische Erzföderalist wird nach dem großen Eklat plötzlich schweigsam und melancholisch. In Baden mobilisiert sich eine Heimatpartei, in Bayern gründet gerade der Polizeibeamte Ludwig Lallinger[43] eine Bayernpartei. Es gibt auch wieder den Bayerischen Heimat- und Königsbund. Die Königspartei hatten die Amerikaner 1945 nicht gestattet.

Im Parteipräsidium der CSU kommt es zu hitzigen Debatten. Dr. Joseph Baumgartner ist nicht der einzige Erzföderalist. Die Herren Dr. Fritz Schäffer, Dr. Dr. Alois Hundhammer und andere empfinden ähnlich bayerischpatriotisch, wenn auch nicht in der hitzigen Art des Landwirtschaftsministers. Noch hätten die Länder die Finanzhoheit, und wenn sich eines Tages die Militärregierungen auflösten, würde man einem deutschen Staatenbunde gegenüber schon nicht zu willfährig sein müssen. Mutmaßungen hat es viele gegeben. Unter keinen Umständen würde man wieder ein zentralistisch regiertes nationales Deutschland wollen. So ein Gebilde würde man von Bayern aus verhindern, darüber waren sich alle Herren einig. Der Parteivorsitzende Dr. Joseph Müller, genannt der Ochsensepp, formulierte seinen bayerischen Föderalismus einmal mit diesem kräftigen Satz: »Mir ist ein anständiger alter Nazi lieber wie ein Deutschnationaler!« – Aber Dr. Müller fährt fort, die Amerikaner hätten es langsam begriffen, daß »Deutschland die Ostfront der westlichen Kulturwelt geworden war«. Niemals dürfe man es in Teile zerlegen.

Schleunigst möge man dem Zonenunwesen ein Ende bereiten. Ja, schon 1945 hat der Vorsitzende der eben gegründeten CSU dem General Taylor gegenüber erklärt, das größte Unglück wäre die Entscheidung von Jalta gewesen, da sie die dynamischste deutsche Provinz, Thüringen, dem kollektivistischen Einfluß preisgegeben hätte. (Sein Geburtsort Steinwiesen in Oberfranken liegt schon in der Nähe des Thüringer Waldes am Ramsteig.) Dr. Joseph Müller genießt bei Amerikanern und Engländern wegen seiner Zugehörigkeit zur Widerstandsgruppe um den Generalobersten von Beck[44] und wegen seiner erlittenen Konzentrationslagerhaft, seiner Verurteilung zum Tode und der immer wieder aufgeschobenen Vollstreckung wegen fortwährend neuer Verhöre, einiges Ansehen. Dr. Müllers Einfluß auf die Militärgouverneure ist in den Jahren 1945/46 wahrscheinlich größer als der irgend eines anderen deutschen Nachkriegspolitikers.

Der »Ochsensepp« – so genannt, weil er als Student in den Ferien immer mit dem Ochsen seines Vaters Feldarbeiten verrichten mußte und ihm der Spitzname zeitlebens geblieben ist – nimmt an zahlreichen Konferenzen und Besprechungen der Alliierten inoffiziell teil, wird nach Capri und zum Vatikan mitgenommen, nach Paris und London. Dabei übt er keinerlei Funktion aus, gilt allenfalls als inoffizieller Vertreter deutscher Politiker, als privater Berater der Militärregierung. Erst im zweiten Kabinett Ehard, im September 1947, wird Dr. Müller Justizminister und stellvertretender Ministerpräsident. Bis dahin genügt ihm das Amt des Vorsitzenden der CSU.

Daß es zwischen Dr. Baumgartner und dem »Ochsensepp« jetzt zu Meinungsverschiedenheiten kommen mußte, war vorauszusehen gewesen. Dr. Müllers Blick war vorwärts gerichtet, auf die Gründung der Bundesrepublik

Deutschland hin gewendet; er selbst hatte dazu die Vorbereitungen und Vorbedingungen in unzähligen Gesprächen mit den Militärgouverneuren mitgeschaffen; ja manchmal reichten seine Verbindungen bis zu den Regierungen der Siegermächte, zu Verbindungsleuten von US-Senatoren, englischen und französischen Abgeordneten oder Ministern. Er war eine Art Politagent und heimlicher Außenminister eines künftigen Deutschlands in jenen politischen Pionierzeiten gewesen. Und zum Teil darf man hinter den Verlautbarungen der Militärgouverneure ein klein wenig auch Dr. Josef Müllers Stimme heraushören. Einige Formulierungen müssen unbedingt von ihm herrühren, zum Beispiel nachweislich der Name »Grundgesetz« anstelle von »Verfassung«. Der Münchner Rechtsanwalt Dr. Joseph Müller ist Republikaner. Der Wiedereinführung der Monarchie steht er ablehnend gegenüber. Er hält eine konstitutionelle Monarchie einfach für überlebt, und seine Meinung, die Meinung einer ganzen Generation, deckt sich mit der Meinung des bayerischen Kronprinzen Rupprecht[45], der ähnlich zu sagen pflegte: »Das ist vorbei.« In Dr. Baumgartner schlummerten auch monarchische Erinnerungen. In die bayerische Verfassung hätte nach seiner Meinung unbedingt der eigene »Staatspräsident« eingebaut werden müssen. »Und in Bayern hätte dann dieser Staatspräsident ein Prinz aus dem angestammten Königshause werden müssen.« Bis zur Krönung wäre es dann nicht mehr weit gewesen.

Der Ochsensepp wehrte sich gegen die Aufnahme der eigenen bayerischen Staatspräsidentenklausel in die bayerische Verfassung hartnäckig und mit Erfolg. Damals erkannte Dr. Joseph Baumgartner bereits eine gewisse Gegnerschaft zu Dr. Joseph Müller. Aber noch kam es immer wieder zu versöhnlichen Aussprachen.

Der Sinn des Ernährungsministers mußte in jenen Tagen des Hungers von Millionen auf das Nächste gerichtet sein, auf die Alltagssorgen. »Was nützt uns all das Geschwätz von einer deutschen Einheit, wenn mir hier in Bayern die Menschen verhungern? Schaffen Sie Kunstdünger herbei, Herr Dr. Müller, veranlassen Sie wenigstens Stromlieferungen zur Kunstdüngererzeugung aus Ihren gesamtdeutschen Provinzen nach Bayern! Die Rheinprovinzen sind nicht einmal fähig, uns genügend Dosenblech für die Fleisch-Konserven zu beschaffen! Wo ist Kühlraum für das Fleisch unserer Notschlachtungen? Usw. usw. Wir Bayern wollen nicht immer und überall nur die Gebenden sein! Wo wir ohnehin schon den größten Flüchtlingsstrom aufgenommen haben!«

Nicht Baumgartner, der eigentliche Romantiker und bayerische Erzföderalist, der von einem deutschen Staatenbund träumte und von einem »starken, selbständigen Bayern in diesem Staatenbund«, das möglicherweise sogar ein Königreich wieder werden könnte – und aus dem größeren deutschen Vaterland dann, aus jenem lockeren Staatenbunde, die Vereinigten Staaten von Europa... Nicht dieser Baumgartner war in den ersten Hungerjahren der spekulierende Staatsphilosoph, sondern eher Dr. Joseph Müller, der begabte Praktiker und Taktiker. Dr. Baumgartner aber spielte die Rolle des Realpolitikers, hatte sie zu spielen wegen der ungeheuren Not. Und er hat sie ausgezeichnet gespielt. Das müssen ihm selbst seine Todfeinde nachsagen! Einen besseren Ernährungsminister hätte Bayern damals nicht haben können. Auch Dr. Joseph Müller spricht es aus am Telefon: »Er war ein hervorragender Landwirtschaftsminister, ich habe ihn ja dazu gemacht.«

Die zwei Jahre Zuchthaus wegen einer lächerlichen,

fahrlässigen Teilfalschaussage in einem noch nichtssagenderen Nebenpunkt in einem noch komödiantenhafteren Intrigenspiel, bei dem viele bayerische Politiker jahrelang unbewußt zu Marionetten von geldgierigen Spielbankkonzessionären geworden sind – und das nicht zuletzt über die Anwaltsbüros so vieler Advokatenabgeordneter, da ja die Spielbankkonzessionäre gern einflußreiche Anwälte nahmen, die zugleich Abgeordnete waren –, diese zwei Jahre Zuchthaus, meine Herren Landgerichtsdirektoren Wonhas, Mößner, Wolf und auch meine sehr hohen Richter des Bundesgerichtshofes in Karlsruhe Dr. Geier, Peetz, Werner, Hübner, Faller, sind unhaltbar und erregen das Gemüt eines bayerischen Patrioten in alle Ewigkeit! Dr. Baumgartner hat das bayerische Parlament nicht »desavouiert«. Aber mit diesen zwei Jahren Zuchthaus läuft die heilige Justitia Gefahr, sich selbst zu »desavouieren«. Dr. Joseph Baumgartner muß posthum noch freigesprochen werden!

Die Kontroversen zwischen Dr. Müller und Baumgartner häuften sich, wobei Dr. Baumgartner seine Position, die er dem Ochsensepp gegenüber zu haben glaubte, wesentlich überschätzte. Dr. Joseph Müller hatte das »realere Konzept« und er war ein noch genügender Föderalist. Der Bundesrat, auch wenn er leider keine gesetzgeberische Initiative entwickeln darf, als ein Gremium der Ländervertretung, garantiert er doch ein föderalistisches Minimum. In den Zeiten zentralistischer Umtriebe eines übermütigen Parlamentes könnte er in der Lage sein, ein kommendes Unglück abzuwenden, obschon seine Hauptaufgabe es ist, Gesetze des Bundestages gegenzuzeichnen.

Für Dr. Baumgartner waren die Befehle aus Frankfurt dagegen ein warnendes Vorzeichen einer kommenden zentralistischen Diktaturbürokratie. Er zog die Konsequenzen. Einige sehr heftige Szenen soll es um die Weihnachtszeit 1948 mit Dr. Joseph Müller noch gegeben haben. Allmählich konnte zwischen den beiden Herrn niemand mehr vermitteln, weder Dr. Hundhammer noch Fritz Schäffer, weder der Ministerpräsident Dr. Ehard noch der Parlamentspräsident. Nicht einmal mehr der Horlacher Michl! Für Dr. Baumgartner waren die neugeschaffenen Ämter im Frankfurter Wirtschaftsrat eindeutig nichts anderes als die Fortsetzung einer zentralistischen, reichsdeutschen Ministerialbürokratie, die jede Hoffnung auf einen wirklichen Neubeginn der deutschen Länder zunichte machte. – Mag sein, daß der bayerische Kartoffelkrieg die letzte organisatorische Umgestaltung des Frankfurter Wirtschaftsrates, der seine Mitglieder nun von 52 auf 104 Parteienvertreter erhöhte, noch ein wenig zugunsten der Länder verändert hat im Laufe des Februars 1948. Sein Exekutivrat jedenfalls wurde durch einen Länderrat ersetzt. Und die Mitglieder dieses Länderrates wurden endlich von den Landesregierungen ernannt. Der Einfluß der immer geschlossener und stärker auftretenden »Reichsparteien« bestimmte die deutsche Politik. Hie SPD, hie CDU/CSU!

Die Deutschen hätten zwar keine Regierung, aber immerhin einen gut funktionierenden Regierungsapparat, sagte General Clay im Sommer 1948 – kurz vor der Währungsreform. Und der bayerische Ministerpräsident Dr. Hans Ehard gab den Organen des Vereinigten Wirtschaftsrates die Ermunterung, sie sollten sich so benehmen, »als ob sie die Organe eines deutschen Oberstaates über den einzelnen Ländern wären«! Für einen bayerischen Föderalisten, der niemals zuerst an ein Deutschland, immer aber an ein starkes Bayern denkt, sind solche Sätze natürlich präjudizierende Äußerungen eines zentralistischen Deutschnationalen.

Dr. Joseph Baumgartner trat am 15. Januar 1948 aus der CSU aus und wurde Mitglied der jungen, damals noch bedeutungslosen Bayernpartei. Zahlreiche Persönlichkeiten verließen mit ihm die CSU. Die Bayernpartei kam über Nacht zu Ansehen. Ihre Versammlungen lockten enorme Menschenmassen an, besonders wenn Dr. Joseph Baumgartner als Redner auftrat und zur großen bayerischen Entscheidung aufrief – zum dritten Male innerhalb eines runden Jahrhunderts, denn 1848 hätten die bayerischen Abgeordneten in der Frankfurter Paulskirche die Verfassung abgelehnt und damit die Freiheit ihres Vaterlandes gerettet, während das Schicksalsjahr 1870 dem Bayerischen Landtag ein schwaches Geschlecht beschert hätte, das durch den Eintritt in den Norddeutschen Bund und ins Reich die Beraubung der bayerischen Hoheitsrechte und die traurige Bilanz von drei Kriegen verursacht hätte. Und jetzt also nach genau einhundert Jahren schlage die dritte bayerische Schicksalsstunde! Und dann rief er aus: »Wir wollen ein freies, selbständiges Bayern, das sich freiwillig entscheidet, unter welchen Bedingungen es sich einem deutschen Bunde anschließt.« Ein tosender, minutenlanger Beifall brandete ihm entgegen. Es war der Beifall von oft fünf- und sechstausend Menschen. Keine andere Partei hat im bayerischen Volk auch nur annähernd ein ähnliches Echo gefunden. Berühmt wurde zum Beispiel seine Rede auf der Großkundgebung der Bayernpartei im Neuhaus-Saal zu Regensburg, am 4. Dezember 1948. »Warum sagen wir Nein zu Bonn? – Freies Bayern oder preußische Provinz?« Die Rede wurde durch Lautsprecher ins Freie übertragen, denn der Saal konnte nur einen Bruchteil der Zuhörer fassen.

Baumgartner kritisierte die bisherigen »Bonner Beschlüsse« des seit 1. September 1948 in Bonn tagenden

Parlamentarischen Rates. Er sieht den zentralistischen großdeutschen Leitspruch Adolf Hitlers, den dieser von einem Roman Ludwig Ganghofers wörtlich übernommen hat:»Ein Volk, ein Reich, ein Führer« wie in einer Nebelwolke gehüllt über Frankfurt und Bonn schweben.»Sie scheuen sich in Bonn nicht einmal, juristische und staatsrechtliche Spitzfindigkeiten ausfindig zu machen, um darzulegen, daß das deutsche Reich noch existiere!« Es existiere aber weder de jure noch de facto, beteuerte der bayerische Held aus Sulzemoos. Und deshalb könne eine neue deutsche Verfassung nur auf der tatsächlich noch vorhandenen Souveränität der Länder aufgebaut werden. Das sei auch die Ansicht des bekannten Staatsrechtlers Nawiasky.»Die Bonner Beschlüsse«, ruft er aus,»verletzen die Verfassungshoheit, die Finanzhoheit, die Verwaltungshoheit und die Polizeihoheit... Eine Verfassung aber, die eines dieser Hoheitsrechte verletzt, können wir in Bayern nicht annehmen.« Und abermals tobt der Beifall.

Mit der Finanzhoheit setzt er sich am gründlichsten auseinander und weiß sich dabei mit der CSU zum Teil einig, überbietet aber die eben verlassene Partei noch um etliche bayerische Tagwerk. Die erzbergerische Finanzreform, die ein Unglück für die Einzelstaaten gewesen sei, würde von den Bonner Verhandlungen des Parlamentarischen Rates noch übertroffen werden. Und dann nennt er die Summe, die ein künftiger deutscher Staat ausgeben dürfe: für die Verwaltung höchstens 400 Millionen und für die sozialen Lasten noch einmal diese Summe, mache zusammen nicht einmal eine volle Milliarde. Und diese Summe könne der Bund aus den Zöllen und aus der Beförderungssteuer und den Rest aus Zuschüssen von den Ländern sich beschaffen. Den Ländern müsse jedenfalls die Einkommensteuer, die Vermögenssteuer, die Körperschaftssteuer und die Verkehrssteuer, mit Ausnahme der Beförderungssteuer, verbleiben. Auch die Verbrauchssteuern und die Umsatzsteuer müsse den Ländern verbleiben, obschon die Länder daraus die Besatzungskosten bezahlen sollten. Die Finanzverwaltung sollte unbedingt bei den Ländern bleiben, »denn ein Staat muß am Ende eines Monats genau wissen, welche Einnahmen er hat. Er darf nicht in die Bundeshauptstadt zum Betteln gehen!« Die Steuergesetzgebung dagegen möge im ganzen Bund einheitlich gestaltet werden.

In zwölf Thesen gegen Bonn formuliert er seine Vorstellungen von einem künftigen deutschen Bund, der kein Land, am allerwenigsten Bayern, zu einer bloßen Verwaltungsprovinz würde herabwürdigen können. Keine Reichsexekutive dürfe der Bund haben, keine Kompetenz-Kompetenz. Eine Kontrolle der Länderverfassungen durch den Bund sei abzulehnen. Er plädiert für eine Finanz- und Verwaltungshoheit der Länder. Seine Partei fordere nicht nur ein Vetorecht der zweiten Kammer, sondern volle Gleichberechtigung für die Gesetzgebung. »Niemand außerhalb Bayern hat das Recht«, heißt eine der Thesen, »Hoheitsrechte von Bayern zu fordern«. Schließlich fordert er »überhaupt alle Hoheitsrechte zurück, die uns seit 1871 der Reihe nach geraubt und gestohlen worden sind!« – Und an dieser Stelle habe der stürmische Beifall der Volksmasse über eine Minute lang angehalten, vermerkt ein Chronist.

Seine historischen Ausführungen zu den Jahren 1848 und 1870 sind sehr gediegen, wenn auch in dem sensationellen Stile eines begabten Volksredners vorgetragen. »... der große Warner und der Prophet des Unterganges Deutschlands war anno 1871 im Bayerischen Landtag der Archivar Edmund Jörg aus Immenstadt im Allgäu. Non possumus, wir können nicht, rief er dem Parlamente zu und er sagte den Untergang Deutschlands durch die Katastrophe eines großpreußischen Staates voraus . . .«

Und dann zitiert er den bayerischen Historiker Döberl[46], der drei starke Pfeiler benenne, die das bayerische Staatswesen bestimmen und die sich vor allem gegen den Unitarismus in Deutschland wenden: »Ein ursprüngliches, bodenständiges Volkstum, das von den Römern und Kelten beeinflußt wurde, ein geographisch geschlossenes Staatsgebiet und eine alte staatliche Tradition.«

»Wir sind nicht gegen Deutschland«, beteuert er – und niemand möge daran zweifeln, daß diese Beteuerung Baumgartners nicht auch aus einer deutschen Seele gekommen ist – »wir sind nicht gegen Deutschland, aber wir sind für eine Vereinigung gleichberechtigter Staaten!« Und dann rechnet er mit jenen ab, die da immer wieder behaupteten, daß Bayern zu klein sei, um einen selbständigen Staat zu bilden, daß Bayern wirtschaftlich nicht existieren könne. Er redet nicht einer Abschnürung Bayerns das Wort, ist für Welthandel und denkt wirtschaftlich in Kontinenten, auch von Bayern aus. »Bayern hat in Friedenszeiten dem Auslande gegenüber immer eine aktive Handelsbilanz ausgeglichen . . .«

»Der ständige Canossa-Gang und das ewige Bitten und Betteln der einzelnen bayerischen Wirtschaftler bei irgendeinem Referenten in Frankfurt ist für die bayerische Wirtschaft bei ihrer Bedeutung für die gesamte deutsche Volkswirtschaft ein unwürdiger Zustand.«

Er kommt auf das Thema seiner Doktorarbeit zu sprechen, auf das Geldwesen und die Kredite – und wieder sind ihm, ein halbes Jahr nur nach der Währungsreform, die neuen mächtigen Zentralinstitute in Frankfurt ein Dorn im föderalistischen Auge. Auch die Arbeiter stellt er vor die Entscheidung: Unitarismus oder Föderalismus, bayerischer Staat oder ausgesaugte Provinz. »Der bayerische Arbeiter will nicht auf ein Diktat von Düsseldorf hin einen Befehl empfangen, ob er streiken soll oder nicht, sondern er will von bayerischen Arbeitern geführt sein!«

Sein Programm wird zum Programm der Bayernpartei. Und der Erfolg bei den kommenden Wahlen läßt ihn nun gegen die eben sich konstituierende Bundesrepublik weiter opponieren.

Seit Juni 1948 ist er der 1. Landesvorsitzende der Bayernpartei. Während er gewählt wird, liegt er gerade im Krankenhaus. Er ist 44 Jahre alt und übersteht eine Gallenoperation. Diese Operation spielt auch in dem berüchtigten Spielbankenprozeß noch einmal eine Rolle. Der Kronzeuge des Verfahrens, der Spielbankenkonzessionshändler Karl Freisehner, behauptet später, er habe damals dem völlig mittellosen Baumgartner die Operationskosten bezahlt. Daß diese Behauptung Freisehners gelogen war, konnte Baumgartner an Hand des Datums der Rechnung nachweisen.

Der Mann, der Joseph Baumgartner vernichten sollte, Karl Freisehner, war damals bereits aufgetaucht. Freisehner war fanatisch von dem Gedanken besessen, in Bayern Spielbanken zu gründen. Dazu brauchte er aber die Hilfe der Politiker, denn es gab ein altes Gesetz aus dem Jahre 1934, das in Bayern Spielbanken generell verbot. Dieses Gesetz sollte fallen und jenes ältere Spielbankengesetz von 1931/32, das in mehreren Fremdenverkehrsorten Bayerns einen Spielbankenbetrieb gestattete, sollte wieder zur Anwendung kommen. Freisehner und etliche andere Spielbankenkonzessionäre suchten 1946/47 planmäßig Abgeordnete und Minister für diese Spielbanken zu interessieren. Zahlreiche Land- und Bundestagsabgeordnete, die eine Anwaltskanzlei nebenher betrieben oder betreiben ließen, waren zugleich Finanzberater und Anwälte dieser auf mancherlei Gebieten spekulierenden Kaufleute, Finanzmakler und Import-Export-Spezialisten, die nicht selten auch mit dem Gesetz mehr oder weniger leicht zu tun hatten. An Baumgartner konnte man über eine Anwaltskanzlei nicht herankommen. Freisehner schaffte es aber, wie er es bei allen Politikern geschafft hat, zu denen er einen persönlichen Kontakt aufnehmen wollte, ganz gleich welcher Partei die Herren angehörten und ganz gleich welch hohes Amt sie bekleideten. Im Landwirtschaftsministerium gab es einen Regierungsrat Baumgart, der sich Freisehner gegenüber als Minister ausgegeben hatte. So stellt es später Freisehner dar. Jedenfalls telefonierte der charmante niederösterreichische Kaufmann eines Tages mit Dr. Joseph Baumgartner und tat gleich recht vertraut und dann aber auch befremdet. »Aber hörn S', Herr Staatsminister, ich kenn doch Ihre Stimme! Das ist aber Ihre Stimme nicht. Schwindeln S' mich nicht an, Sie sind der Minister gar net! Ich geh doch beim Minister aus und ein! Ich werd seine Stimme kennen! – Na, bin ich halt falsch verbunden und Sie machen sich einen Jux. – Was? Sie san 's doch? — Nein, mein Herr, ich sag, Sie sans net ...« usw. Baumgartner war neugierig geworden und ging der Geschichte nach, er wollte den Mann sehen, der da in seinem Ministerbüro aus und ein ginge ... Und der Dusterer kam, trat auf mit dem Geruch eines bedeutenden Großkaufmanns und mit jenem »Charme«, den Baumgartner schon aus seiner Grazer Direktorenzeit her kannte und – eine echt altbayerische Schwäche für exemplarische, originelle Typen – unterhaltsam fand. Aber ein Minister hat wenig Zeit. Doch Freisehner ließ sich so schnell nicht mehr abschütteln. Immer wieder rief er im

Ministerbüro an, immer wieder stand er vor der Wohnung. Meistens unangemeldet und ungebeten, »halt rein zufällig«. Er brachte aus seinem Würste-Importgeschäft ungarische Salami mit und die Frau Freisehner lud die Frau Baumgartner zum Kaffee ein. Das Spielbankenthema war bald genügend behandelt. Dr. Baumgartner fand gegen die Errichtung von Spielbanken nichts einzuwenden, zumal das Thema schon von anderen Abgeordneten wiederholt vorgetragen worden war in den verschiedenen Ausschüssen des Landtages. Es kam schon 1951 darüber zu Abstimmungen. Doch die zweite bayerische Kammer, der Senat, trat einer Konzessionierung von Spielbanken entgegen. Um diese Zeit handelten die Konzessionäre bereits eifrig mit ihren Anteilen von den verschiedenen erst noch zu errichtenden Spielbanken. Sie bemühten Notare und Anwälte und Staatssekretäre, teilten Konzessionen in Hunderte von Anteilen auf, schachtelten dieselben wieder zusammen und fingen dann wieder von vorne an. Dabei wurden Millionen umgesetzt! – Karl Freisehner ging dem Bayernparteichef bald auf die Nerven. Das Verhältnis kühlte etwas ab, obschon Freisehner immer wieder ungebeten vorsprach. Eindringlich wurde er von der ganzen Familie Freisehner telefonisch und schriftlich auf die Hochzeit der Freisehnertochter eingeladen. – »Damit endlich die arm Seel a Ruah gibt«, ging er für zwei Stunden am Abend zur Hochzeitsgesellschaft. »Ein Minister muß auf vielen Hochzeiten tanzen – jährlich ungefähr auf zehn bis fünfzehn. Ich weiß es nicht mehr, auf welchen Hochzeiten ich überall schon für ein, zwei Stunden gewesen bin.« (Nachweislich übrigens auch auf Bauernhochzeiten). Als Freisehner ihm sogar einmal Spielbankkonzessionen abtreten wollte, lehnte Baumgartner energisch ab und stellte den Verkehr mit Freisehner nun ganz ein.

In diesen Jahren erzielte die Bayernpartei beachtliche Wahlerfolge. Mit Joseph Baumgartner zogen 17 Abgeordnete in den ersten deutschen Bundestag. Adenauer wurde mit einer Stimme Mehrheit zum Bundeskanzler gewählt. Und diese Stimme stammte von einem Bayernparteipolitiker. Trotzdem ging die Fraktion in die Opposition. »Und zur Opposition braucht es vor allem Charakterstärke«, seufzte Baumgartner. Der rasche Aufbau der Partei hatte auch zahlreiche Opportunisten empor getragen. Es kam zu ersten Skandalen und Affären. Der BP-Abgeordnete Anton Donhauser zum Beispiel trat bald zur CSU über und sicherte sich dadurch auch ein Mandat in den zweiten Bundestag. Daneben gehörten der BP-Bundestagsfraktion aber auch große Persönlichkeiten an wie Seine Durchlaucht Fürst Eugen zu Oettingen-Wallerstein, der Berufsdiplomat und ehemalige CSU-Wirtschaftsrat von Frankfurt, Dr. Gebhard Seelos, Freiherr von Aretin, Ingenieur Decker, Dr. Etzel, der freilich auch langsam seinen Übertritt vorbereitete, und der berühmte Revierförster aus dem Bayerischen Wald, Ludwig Volkholz, mit dem die BP noch Schwierigkeiten bekommen sollte und der vorübergehend eine »Altbayernpartei« gründen wollte. Einer der tapfersten war der Eicher-Vater, der vier Jahre lang in Bonn auf den Milchpreis aufpaßte. – Die Bundestagswahlen von 1953 brachten der CSU 52 Mandate ein und die BP zog nicht mehr in den Bundestag. Dieser große CSU-Erfolg verschreckte einige Landtagsabgeordnete der Bayernpartei. Sie traten zur CSU über. Unter ihnen Herr Egid Saukel aus Hofheim, der seinen Übertritt mit dem zwar naiven, aber treffenden Satz begründete: »Die Wähler sind uns davon gelaufen, jetzt müssen wir schauen, daß wir hinterher kommen.« Daraufhin brachte Baumgartner im Bayerischen Landtag

den Antrag ein, man möge den Parteienwechsel von Land-
tagsabgeordneten während einer Legislaturperiode gesetzlich für unstatthaft erklären. Er kam damit aber nicht
durch und die CSU fing nun systematisch damit an,
»reife« oder »lockere« Kandidaten der Bayernpartei in die
Reihen der eigenen Fraktion aufzunehmen.

Das war legitim, dagegen konnte man nicht angehen.
Dagegen konnte man nur mit schmerzhafter Duldung und
ängstlicher Bitternis reagieren. Waren nicht vor zwei, drei
Jahren erst zahlreiche CSU-Abgeordnete zur Bayernpar-
tei herübergewechselt? Der Vernichtungskampf gegen die
Bayernpartei hatte begonnen. Bald hatte die Partei nichts
mehr zu bieten als das große politisch-agitatorische Talent
Joseph Baumgartners. So lange er lebte, würde auch die
Partei leben, das hatte sich bereits deutlich gezeigt.

Der Herr Professor

Am Aschermittwoch 1869 hatte in Vilshofen der aus
Immenstadt gebürtige, niederbayerische Kreisarchivar
Joseph Edmund Jörg, durch den Zusammenschluß zahlreicher Patriotenvereine die bayerische Patriotenpartei
gegründet. Und da Jörg mit seinen Patrioten sehr heftig
gegen die preußische Hegemonie aufgetreten ist und für
die bayerische Eigenstaatlichkeit agitiert hat – zudem
auch noch gut christlich und antiliberal gesonnen war –,
machte Dr. Joseph Baumgartner den Vilshofener Aschermittwoch zu einem Gedächtnis- und Besinnungstag der
bayerischen Politik. Am Aschermittwoch 1948 ist er zum
ersten Male für die BP im Wolferstetterkeller zu Vilshofen aufgetreten und hat sein Bekenntnis zur Bayernpartei
abgelegt. Und jeden Aschermittwoch war er pünktlich
zugegen in der Stadt an der Donau und mit ihm ein paar
Tausend Rottaler. Bald nannte ihn die Presse – nicht zuletzt wegen seiner pathetisch-weißblauen Redeorgien, in
Vilshofen vor manchmal bis zu achttausend Menschen –
den »bayerischen Rastelli[47] der Versammlungspsycholo-
gie«. Ein so zündendes kämpferisches Pathos wie Dr.
Joseph Baumgartner hat für die Freiheit Bayerns noch
kein anderer Streiter zu entfachen gewagt und gewußt. Er
erinnerte an die großen bayerischen Niederlagen der Geschichte, an den ersten Märtyrer unseres Stammes, an Herzog Tassilo, den Karl der Große hinterhältig auf der offenen Reichsversammlung zu Ingelheim hat verhaften, ver-
urteilen und in ein Kloster stecken lassen; beschwor den
marianischen Kurfürsten Maximilian I., der Bayern der
Gottesmutter geweiht hatte, der Patrona Bavariae. Auf so

einer Versammlung im Chiemgau, es war gerade zu der Zeit, als der Verfassungskonvent, ein beratender Vorausschuß des Parlamentarischen Rates, zwischen dem 14. und 23. August 1948, unter dem Vorsitz des Leiters der Bayerischen Staatskanzlei, Staatsminister Anton Pfeiffer, auf Herrenchiemsee getagt hat, auf dieser Versammlung also rief Baumgartner, den historischen Augenblick nutzend, mit brennender Sorge aus: ». . . Herzog Tassilo, unser dux fortis, hielt sich gerne auf der Herreninsel auf – bis ihn sein Vetter, der fanatische Unitarist Karl der Große, ins Kloster steckte und das Augenlicht nahm. Heute, in dieser Stunde, blenden sie, die Unitaristen und Zentralisten, auf derselben Herreninsel unseren Herzog Tassilo ein zweites Mal!« – Da soll eine anwesende Flüchtlingsfrau aus Breslau den Zwischenruf gewagt haben: »Göring war doch auch ein Bayer aus Rosenheim!« Baumgartner hat den Zwischenruf sofort pariert: »Göring wurde in Rosenheim nur geboren – und wenn eine Katze in einem Fischladen Junge wirft, werden das Katzen und keine Fische.« – Und fuhr in seiner Rede wieder weiter mit Tassilo. Nicht die Bayern seien die Separatisten und Chauvinisten, sondern die Preußen seien das gewesen die letzten hundert Jahre über. »Wir wollen keine Reichsparteien mehr – und die CDU/CSU ist eine solche Reichspartei wie die SPD oder die FDP es auch ist und die KPD und alle die anderen auch – wir wollen keine Reichsparteien mehr, keinen deutschen Nationalstaat, sondern die Vereinigten Staaten von Deutschland, die sich einzeln an die Vereinigten Staaten von Europa anschließen können. Wer anders denkt, hat aus der Geschichte nichts gelernt und ist noch in dem unitarischen Phrasentum der Geschichtsschreiber Hegel, Treitschke sowie eines Bismarck und Adolf Hitler befangen.«

1950 zog die Bayernpartei mit 39 Abgeordneten in den Bayerischen Landtag. Die CSU-Fraktion zählte nur 64 Köpfe, die SPD-Fraktion 63. Das ganze Land erwartete eine Koalitionsregierung zwischen CSU und BP. Dr. Ehard aber bildete mit der SPD eine schwarz-rote Regierung. Die »Weißwurstbayern« saßen wieder auf der Oppositionsbank. Und als Bayernpartei in Bayern Opposition betreiben müssen, ist ein hartes Geschäft, denn die mächtigen Zentralisten, angetan mit der Würde eines bayerischen Ministers, treten auf dem Nockherberg beim Salvatoranstich auch im Trachtenanzug auf und agieren heimattreu. Eine überall und stets opponierende Partei verbraucht sich schnell. Dr. Baumgartner muß das 1949/50 schon eingesehen haben. Es wird erzählt, er habe etliche Male höchst melancholisch seinem CSU-Austritt nachgegrübelt. Schon am Tag nach dem Eintritt in die Bayernpartei soll er gegenüber seiner Sekretärin, Frau Gretl Kirschhausen, die Bemerkung haben fallen lassen: »Gestern bin ich in die Bayernpartei eingetreten. Vielleicht habe ich den größten Fehler meines Lebens gemacht.«

Jedenfalls bemüht er sich in dieser Zeit, seine wissenschaftlichen Arbeiten wieder aufzunehmen. Er erwirbt die venia legendi an der Technischen Hochschule in München bei der Fakultät für Landwirtschaft in Weihenstephan, wo er sich bereits um eine Honorarprofessur beworben hatte. 1952 legte er eine umfangreiche agrarpolitische Habilitations-Arbeit vor mit dem Titel »Der landwirtschaftliche Außenhandel«. Er knüpft bei denselben Überlegungen wieder an, mit denen er sich schon in seiner Dissertation beschäftigt hat, er sieht den Agrarhandel im Zusammenhang mit der ganzen Volkswirtschaft, mit den Preisen, der Funktion des Kapitals und des freien Marktes. Er bekennt sich zu einer Außenhandelstheorie der agrarpolitischen Dynamik. Es ist besonders reizvoll, daß er dabei, gegen Schluß eines jeden seiner agrargeschichtlichen Kapitel, dem unsterblichen Bauerntum eine kurze soziologische Reverenz erweist. Da heißt es zum Beispiel: ». . . ob bei einer dynamischen Handelspolitik bald den Konsumenten, bald der Industrie oder der Landwirtschaft mehr Schutz zu gewähren ist, ist immer auch eine Frage der Gesellschaftslehre. Die ganze Menschheit kann ohne Luxuswaren, ohne Spielzeuge, ohne Genußmittel und ohne Atombomben leben; sie kann aber nur wenige Tage ohne Nahrungsmittel existieren, sie kann nicht leben ohne ein gesundes Bauerntum.«

Ein freier Güteraustausch, lehrt er, wäre das Ideal auch für den landwirtschaftlichen Außenhandel. Notwendige Abwehr- und Erziehungszölle sollten immer nur vorübergehend erhoben werden und möglichst niedrig gehalten werden. Aber gegenüber einer Devisenbewirtschaftung oder einer Kontingentbeschränkung müßte der Zoll doch vorgezogen werden. Staatsmonopole lehnt er ab, gestattet sie höchstens als Übergangslösung. Ordnungsfaktor Nummer eins im Wettbewerbskampf des internationalen Güteraustausches zum Wohle für Produzenten und Konsumenten müsse immer der freie Weltmarktpreis sein. Auf die Sicherheit der Volksernährung und auf die Erhaltung eines gesunden Bauerntums müßten die Regierungen aller Staaten immer ein Hauptaugenmerk richten.

Seine agrarpolitischen Vorlesungen in Weihenstephan haben einigen Zulauf, denn der Professor Baumgartner ist nicht weniger temperamentvoll wie der politische Agitator. Um eine spürbare Nuance würdiger und professoraler versucht er sich natürlich schon zu geben. Aber es gelingt ihm nicht immer, besonders nicht, wenn er sich in Beispiele der laufenden Agrarpolitik der Europäischen

Staaten verliert. (»Und was aber sagt zu dem Thema der dänische Landwirtschaftsminister?«) Gern spricht er auch über die agrarpolitischen Ansichten der nationalökonomischen Klassiker, über Adam Smith und Ricardo oder Aereboes usw. Gelegentlich plaudert er auch aus der Schule, spricht von dem Unterschied zwischen Theorie und Praxis als Landwirtschaftsminister, von seinen Sorgen um den Aufbau der landwirtschaftlichen Schulen in allen Landkreisen Bayerns, die er ja als Minister besonders gefördert hat.

Seine Studenten schreiben bei ihm gern ihre Diplomarbeiten. Und auch die Doktoranden werden immer zahlreicher. Die Themenkreise erweitern sich. Einige arbeiten über die Produktionskostenfragen in der Landwirtschaft, andere über die Liberalisierung und ihre Auswirkung auf die Landwirtschaft. Nicht wenige agrarhistorische Arbeiten läßt er anfertigen, über Friedrich List vor allem. Es überwiegen freilich die landwirtschaftspolitischen Themen. Ein typisches Baumgartnerthema lautet: »Die Agrarproduktion des Donauraumes unter Berücksichtigung der Beziehungen zu Deutschland«. Er läßt allerdings auch über so hochmoderne Gebiete, wie es »die Werbung für landwirtschaftliche Erzeugnisse« darstellt, mehrere Diplomarbeiten anfertigen. Oder es geht ihm um die bayerischen Kartoffelernten und die landwirtschaftlichen Schnapsbrennereien und um die Landarbeiterfrage. Über Landflucht und über die Ansiedlung von Industrien in Gebieten mit überwiegend landwirtschaftlichem Charakter, über den bäuerlichen Familienbetrieb, über Genossenschaften usw. Aber auch über so ausgefallene Themen läßt er forschen wie zum Beispiel über »Das Karakulschaf und seine wirtschaftliche Bedeutung für Westturkestan, Afghanistan und Südwestafrika, unter Berücksichtigung der Beziehungen zu Deutschland«. Des Aufzählens wäre kein Ende. Der Staatsminister, Parteivorsitzende und Agrarexperte hat auch als Professor in Weihenstephan Erkleckliches geleistet.

In seiner Bibliothek künden die vielen Bleistiftmarginalien, die er während der Lektüre eines Buches gleich jeweils an den Seitenrand anbrachte, die zahlreichen Ausrufe- und Fragezeichen und Unterstreichungen deutlich von seinen geistigen Aktivitäten. Die letzten Jahre hat er sich besonders über frühe Kulturen informiert, hat vorgeschichtliche Werke den vordem so gern gelesenen historischen gegenüber bevorzugt. Er beschäftigt sich auch mit der vorgeschichtlichen Kunst, mit den Felsbildern Europas usw.

Dazwischen liest er auch einmal den Roman eines lebenden Schriftstellers, so zum Beispiel im Gefängnis Stadelheim – nachdem der Landgerichtsdirektor Dr. Wonhas nach der Urteilsverkündung noch im Gerichtssaal gegen den Professor Haftbefehl erlassen hatte – Josef Martin Bauers Roman »Der Kranich mit dem Stein«. Der Dichter, der auch ein ehemaliger Zögling der Scheyrer Benediktiner gewesen war, schickt ihm das Buch in die Zelle mit der Widmung: »Wenn es Dich trösten kann, macht es mir eine Freude.«

Die paar Jahre, die nach der vorzeitigen Haftentlassung ihm noch vergönnt waren – als Zuchthäusler verfemt und gemieden von den meisten seiner ehemaligen Bekannten und lange Zeit mit dem über ihm ständig schwebenden Haftbefehl lebend, dazu krank und hilflos deprimiert –, in diesen Jahren und Monaten las er noch Otto Neuberts ägyptologisches Werk »Tut-Ench-Amun, Gott in goldenen Särgen«. Eine seiner letzten Marginalien in diesem Buch – in Gabelsberger Stenographie – »die Priester sieg-

ten wieder!« Und dann heißt es noch einmal: »Priester-
glaube und Kriege waren die Totengräber Ägyptens.« Die
Anmerkungen über die ägyptischen Priester sind unter den
Marginalien aus seiner Hand die häufigsten.

Als Staatsminister besuchte er einmal seine alte Mutter
in Sulzemoos; sie hatte alle Zeitungsberichte, die ungün-
stig über ihn berichteten, ausgeschnitten und zeigte sie ihm
seufzend: »Mein Sepp, waarst halt doch a Pfarrer wordn,
na waarst ebbas Gscheits!« Da tröstete er sie mit einem
eben aus Rom mitgebrachten Rosenkranz. »Na, paß auf,
Muatter, i war neulings beim Papst in Castel Gandolfo
– in Sonderaudienz – 45 Minuten lang, alloan hab i bei
Seiner Heiligkeit bleibn derfn! Dös hätt i als Pfarrer gar
nia net. Net amal als Stadtpfarrer von Dachau it. Und da
hat er mir nachand aa den Rousnkranz für di gweiht!
Aa der Lilly hab i an sölchan mitbracht . . .« Mit diesem
vom Papste geweihten Rosenkranz um die Hände ist er
beerdigt worden, am 24. Januar 1964 auf dem kleinen
Dorffriedhof in Sulzemoos.

Von der Mutter Baumgartners liegt mir ein Brief vor
aus dem Jahre 1951, mit Tinte und Federhalter geschrieben
an ihren Sohn. Das Schreiben ist ein feines Dokument
einer Dachauer Bäuerin und Hebammenjubilarin. Sie teilt
dem Sohn mit, daß man ihr in Dachau »beim Zieglerbräu
eine Festlichkeit hergerichtet, noch einer Kollegin im 84.
Jahr und die Bezirksfürsorgeschwester und auch der Heb-
ammenverein . . .« Und dann gibt sie ihm, dem streitenden
Parteichef der stärksten Oppositionspartei im bayerischen
Parlament, ein paar zur Sanftmut mahnende Ratschläge.
»Lieber Joseph, im Bauernblatt hat Dich der Nagel gelobt.
Es ist unvergeßlich, schreibt er, was Professor Dr. Baum-
gartner nach dem Zusammenbruch geleistet hat und unser
Volk in den Städten vor dem Hungertod gerettet hat. Ja,

lieber Joseph, mit Friede und Sanftmut geht alles besser in Ruhe. Versöhne Dich auch mit unserm Herrn Landrat wieder! Es ist dem Simon arg peinlich, weil er so viel mit dem Landrat umgehen muß ...«

Gottlob hat seine Mutter den gewaltigen Sturz nicht mehr erlebt, nur noch seinen Triumph.

1954, am 28. November, wählt Bayern ein neues Parlament. Wie würde die Bayernpartei abschneiden, das war auch für die CSU eine interessante Frage. Die Existenz dieser Partei, ohne echte Alternative zur CSU, es sei denn, das um etliche bedeutende Grade schärfere föderalistische Konzept, schwäche doch nur das konservative bayerische Lager! Die Bayernpartei sei ein unmöglicher Leichtsinn rechtgesonnener christlich-bayerischer Föderalisten gegenüber einer täglich nur gefährlicher werdenden Welt, erklärten angesehene Leut. Man dürfe das christliche Lager nicht spalten, hörte man von vielen Kanzeln herunter. Spalter arbeiteten dem Teufel in die Hand. Europa ist verloren, wenn sich schon die christlichen Brüder fortwährend in den Haaren haben! Auf dem Höhepunkt des Wahlkampfes wurde man massiver. Es sollen gegen die Bayernpartei Plakate geklebt worden sein, auf denen Professor Baumgartner, mit einem an der Zwiebelhaube befestigten Strick, eine Kirche einzureißen versucht. Manche stellten ihn schon als den Helfer des Antichrists hin. Sogar in den großen Gotteshäusern, wie zum Beispiel in der Michaelhofkirche zu München, wurden von einem berühmten Jesuitenpater gegen die Bayernpartei spitze Bemerkungen gemacht. Von den Kirchenzeitungen ganz zu schweigen! Da könnte man seitenlang zitieren. Und heute gibt es Jusokapläne! War diese Kritik an der Bayernpartei unberechtigt – oder nur taktisch falsch oder richtig gewesen? Baumgartner spricht von einem »erbärmlich niedrigen Niveau der CSU im Wahlkampf«. Und dann fährt er fort: »Wer ein so schlechter Verlierer ist wie die

CSU und wer so viel Haß und Lüge sät, der hat nicht mehr das Recht, sich christlich zu nennen, geschweige denn ausschließlich christlich!«

Trotzdem, war die Kritik an der Bayernpartei, in diesen Jahren zwischen 1954 und 1958, in denen sich das Wirtschaftswunder auch in Bayern kräftig ausgebreitet hatte, parteitaktisch oder wesentlich politisch orientiert und berechtigt? Genügte der homogene Föderalismus der Bundesrepublik dem Lande Bayern oder genügte er nicht? Kein Mensch kann diese Frage endgültig beantworten. Es kommt auf den Standpunkt an, sagen die einen, denn mehr oder weniger Föderalismus sei eine Geschmacksache. Die »Scheinföderalisten der CSU« seien nur verkappte Zentralisten und deutschnationale Unitaristen, meinte Baumgartner. Und die »Weißwurstbayern«, diese »engstirnigen Hurrapatrioten« könnten mit dem Begriff Föderalismus ohnehin nichts anfangen, konterten die Schüler des Ochsensepp.

Zweifellos wäre eine einheitliche bayerische Phalanx gesünder als eine zerstrittene. Versöhnungsversuche wurden viele unternommen. Sie scheiterten in der Hauptsache und zeitigten allmählich nur in den Verhandlungen von Mann zu Mann einige Erfolge für die CSU. Wie hätte man die beiden Parteien auch versöhnen können? In einer neu zu gründenden bayerischen Volkspartei? In der bayerischen Einigung? Oder in einem Heimat- und Königsbund? – Diese Fragen hatte Dr. Joseph Müller schon alle 1945/46 entschieden. Nur ein Aufgehen der Bayernpartei in der Christlich-Sozialen Union hätte die Befriedung gebracht. Diese Befriedung des rechten bayerischen Lagers hat mittlerweile ohnehin stattgefunden. Die Bayernpartei ist wieder zurückgekehrt in den Schoß der großen, für viele bayerische Geister Platz habenden Union. Aber diese Rückkehr ging grausam über die Leiche Baumgartners. Und das Ereignis ist eingetreten nach dem halt doch immer ehernen Gesetz der Geschichte, daß es sich bei politischen Auseinandersetzungen eh nur immer um Machtfragen handeln könne – nicht um geistige Entscheidungen – und daß eben der Mächtigere siegen würde.

Professor Baumgartner hat selber gelegentlich an eine Versöhnung geglaubt. Aber diese Aussöhnung und eventuelle Rückkehr hätte seiner Meinung nach nur über eine Koalition mit der CSU passieren dürfen. Und zu dieser Koalition ist es eben 1954 nicht gekommen. Die kämpferischen Parolen haben schon zu laut und zu gefährlich geklungen. Das aber war nicht nur die Schuld unseres Helden aus Sulzemoos.

Baumgartners tragische Schuld ist älter und datiert sich auf den 15. Januar 1948. An diesem Tag hat er der CSU den Rücken gekehrt. Welch eine ungeschickte, jähzornige und falsch spekulierende Taktik! Der Ärger mit dem Zweizonenwirtschaftsrat hätte ihn nicht so endgültig überwältigen dürfen. Wahrscheinlich hielt er den Ochsensepp für einen Erzzentralisten, ja für einen verkappten Deutschnationalen und er wollte ihm eine Lektion erteilen, wollte ihm zeigen, was das bayerische Volk unter Föderalismus zu verstehen geneigt sein könnte. Die Taktik eines revolutionären Freiheitshelden hätte für eine glückliche Durchführung des Unternehmens nur wenige Monate einkalkulieren dürfen. Möglicherweise wäre damals – im Jahre 1948 – der Erfolg für eine bayerische Separation noch einmal gegeben gewesen. Aber eben eine solche totale Separation hat Joseph Baumgartner gar nicht angestrebt. Er blieb dem Subsidiaritätsprinzip treu, blieb ein deutscher Föderalist. Und ähnliche, wenn auch etwas schwächere Föderalisten waren ja auch die Christlich-Sozialen.

Sein Austritt aus der CSU wäre nicht nur nicht nötig gewesen, um dem föderalistischen Prinzip förderlich sein zu können, er hätte verhindert werden müssen. Wo war der Freund, der ihm ins Gewissen geredet? Oder war man am Ende froh, einen »Parteifreund« weniger im Vorstand zu haben? Ließ man Dr. Baumgartner mit Freuden einen Fehler begehen? Ja, hatte man es geradezu darauf angelegt? Personalpolitische Differenzen können manchmal nur mit der Atombombe beigelegt werden.

Baumgartners Austritt aus der CSU hatte die Schwächung der föderalistischen Kräfte in der CSU zur Folge. Und das ist die große tragische Schuld unseres Sulzemooser Helden. Wäre er in der Unionspartei geblieben, wären die Auseinandersetzungen – um etwas mehr oder weniger Föderalismus – nicht so ungeheuerlich geworden. Zwar hätte es auch dann harte Diskussionen gegeben innerhalb der CSU, Flügelkämpfe zwischen Ochsensepp und Baumgartner-Hundhammer-Schäffer, zwischen Finanzhoheitsfanatikern und Bundesratszufriedenen, zwischen antihomogenen Freistaatsrepräsentanten mit oder ohne Staatspräsidenten-Prinzregenten, aber man hätte wahrscheinlich eine um einen Deut föderalistischere Lösung für Bayern aushandeln können. Dadurch, daß in dem entscheidenden Augenblick des Parlamentarischen Rates in Bonn die kräftigsten Föderalisten Bayerns in der Opposition standen und die Beratungen total verwarfen, ist die CSU – immer noch tapfer zwar, aber dennoch föderalistisch – geschwächt aufgetreten. Baumgartner hätte als CSU-Politiker das Grundgesetz der Bundesrepublik 1948 möglicherweise um eine Nuance föderalistischer beeinflussen können. Abgelehnt hätte man es freilich sowieso. Da war man sich ja ohnehin einig, abgelehnt und doch ertragen.

So nahm die Tragödie ihren historischen Lauf. Die CSU

gewann im November 1954 nicht weniger als 83 Sitze, die SPD 61 und die Bayernpartei nur noch 28. Die FDP brachte 13 und der BHE 19 Abgeordnete in den Landtag. Aber zur Regierung gekommen ist nicht die CSU, denn Baumgartner zimmerte eine Viererkoalition zusammen. Er tat es, nachdem er erfahren mußte, daß die CSU lieber noch einmal mit der SPD koalieren würde. Einige Ränkeschmiede der kleinen Parteien hatten eine Freude an dem Tableau und wollten auch regieren. Dr. Wilhelm Hoegner zeigte sich nicht abgeneigt. Die Regierungsbildung hatte schon aufregend lange sich hin- und hergezogen, man war in ganz Bayern gespannt auf das Ereignis. Die Bayernpartei stellte zwei Minister. Dr. August Geislhöringer[48] wurde Innenminister und Joseph Baumgartner wieder Landwirtschaftsminister und stellvertretender Ministerpräsident. Die SPD stellte drei Minister, FDP und BHE je einen. Der Zorn in den Reihen der CSU loderte hell auf.

Die Feindschaft zwischen den beiden christlichen Brüdern war wieder größer geworden. Die CSU griff zunächst zu der legitimen Waffe der Abgeordneten-Abwerbung. Der junge Generalsekretär der Union, Rechtsanwalt Dr. Friedrich Zimmermann[49], einer der begabtesten Schüler Dr. Joseph Müllers, kam munter voran und konnte bald drei, später sogar sechs Herren der Bayernpartei zur CSU zurückbekehren. Die Herren Dr. Franz Lippert, später Staatssekretär im Finanzministerium, Hans Eisenmann, später Landwirtschaftsminister, den Rosenheimer Landrat Georg Knott, Herrn Dr. Hans Raß aus Amberg und den Landwirt Emil Mergler aus Sulzheim in Unterfranken. Als Grund des Übertritts wurde meist die Verärgerung wegen der Koalition der BP mit der SPD genannt.

In diesen Monaten fing der stellvertretende Ministerpräsident zu kränkeln an, sein Blutdruck stieg, sein Zukker nahm zu. Für einen Urlaub hatte er keine Zeit. Von allen Seiten wurde er angegriffen, mit Anrufen und Briefen bombardiert. Kurz nach der »Machtergreifung« sprach er über den Rundfunk. »Vor wenigen Monaten noch sagte der frühere bayerische Regierungschef, daß die BP erledigt sei. Die BP aber lebt. Sie ist mit vier Regierungsmitgliedern (zwei Minister und zwei Staatssekretäre) ein entscheidender Machtfaktor in Bayern geworden. Die erste Etappe ist erreicht. Von jetzt ab beginnt erst die Entwicklung zur großen, tragenden Säule Bayerns, zur verantwortlichen, staatserhaltenden Partei unserer Heimat. Keine Haßgesänge eines ohnmächtigen Gegners, keine Lügen und keine Verleumdungen werden uns mehr hindern können, diese unsere weißblauen Fahnen durch ganz Bayern zu tragen...«

In dem Bleistiftentwurf zu einer Rede vor der Fraktion stellt er sich die Frage: »Was ist jetzt die Aufgabe der Bayernpartei als Regierungspartei?« Und da stockt schon seine Hand. »Unsere Aufgabe ist es«, fährt der Bleistift fort und stockt abermalen. Er streicht »Aufgabe« durch und ersetzt es durch das kürzere, aber begrifflich anstrengendere »Ziel«. »Unser Ziel ist es: die deutsche und europäische Aufgabe Bayerns durch positive, sachliche und ruhige Arbeit herauszustellen.« Und er wird dann gleich föderalistisch deutlicher, indem er einen Schweizer Historiker zitiert und erklärt, daß die deutsche Frage eine Frage der inneren Gestaltung Deutschlands sei und nicht eine Frage völkerrechtlicher Technik und außenpolitischer Taktik. »Das föderalistische Wesen Deutschlands ist niemals ein Unglück, sondern immer ein Glück gewesen!«

Die Viererkoalition leistet die gleiche ordentliche Regierungsarbeit wie eine CSU-Regierung. Die fünfziger Jahre sind erfüllt von einem gediegenen Optimismus, von Ruhe und wachsendem Wohlstand, der allerdings noch bescheiden ist, von einer beglückenden Bürgerlichkeit. Zwischen 1954 und 1958 werden die Hungerjahre endgültig vergessen, wenden sich die Begierden der Menschen von der täglichen Notdurft weg einem mäßigen Luxus zu. Immer mehr Leut kaufen sich ein Automobil – aber noch lange nicht alle. 1954 gibt es noch fast keine Fernsehgeräte – 1958 in Bayern schon über eine Viertelmillion. Auf den Feldern arbeiten noch viele Bauern mit Pferden und Ochsen wie seit Jahrhunderten. Aber die Pferdetransporte nach Italien nehmen zu. Die Automation steckt noch in den Kinderschuhen, aber die neuesten Maschinen dringen in die entlegensten Handwerksbetriebe. Die Luftgesellschaften fliegen meist noch mit Propellermaschinen und die alten Leut sind noch alle im vorigen Jahrhundert aufgewachsen. Justament während der Tage des Spielbankenprozesses, im Juli-August 1959, da Baumgartner und die Bayernpartei von den bundesrepublikanischen Wirtschaftswunderzentralisten als Föderalisten-Neurotiker hinweggefegt wurden –, justament in diesen Tagen stiegen die Aktienkurse aller Werte an den deutschen Börsen in unvorstellbare Höhen, nicht selten auf 1000 und 3000%. Im ganzen 20. Jahrhundert gibt es keinen ähnlichen Boom. Das war natürlich ein Zufall – aber eine sprechende Parallele, denn der Mensch lebt nicht nur frei und glücklich in einem Land voller Autos und Eigentumswohnungen, sondern mehr noch in einem Staat, der seine Eigenheit bewahrt und vor Unterwanderungen genügend geschützt ist. Die höchsten Festivitäten, an denen die Bayerische Staatsregierung teilnimmt, sind immer noch der Salvator- und der Maibockanstich, ist das Pressefest im Deutschen Theater, ist ganz besonders die Fronleichnamsprozession. Der Ministerpräsident und die Herren der Staatsregierung schreiten wie weiland S.K.H. der Prinzregent hinter dem Himmel einher. Dr. Hoegner überläßt diese hohe Ehre seinem Stellvertreter, dem Herrn Professor Baumgartner. Erhobenen Hauptes und funkelnd stolz vollzieht er als ein würdiger Stellvertreter diese auszeichnende Zeremonie frommer staatlicher Repräsentanz. Die Herren der CSU folgen weiter hinten im Zuge, nach dem Landtagspräsidenten. Kommt es in der Ludwigstraße oder am Marienplatz zum Gegenzug, können sich die tiefgläubigen bayerischen Politiker Blicke zuwerfen. »Dieser Pharisäer! Hinter dem Allerheiligsten daherstolzieren wie dreimal der Prinzregent und Spielbanken zulassen in unserem katholischen Bayern!«

Um die Zeit ist es in München auch noch zu einem großen königlichen Fest gekommen. Kronprinz Rupprecht hat im Schloß Nymphenburg wieder Wohnung genommen. Ein grandioser Festzug wurde ihm bereitet. Gebirgsschützenkompanien, der Bayerische Heimat- und Königsbund »In Treue fest«, die Königspartei, der Treubund Bayern, Trachtenvereine und die Bayernpartei, mit Dr. Fischbacher und Professor Baumgartner an der Spitze, gingen in dem Fackelzuge mit. »Die Rückkehr unseres Kronprinzen begrüßen wir jubelnd wie die Morgenröte schöner Tage.« Vivatrufe auf den Kronprinzen waren zu hören, die Bayern- und die Königshymne wurden angestimmt. Und der greise Wittelsbacher winkte vom offenen Fenster aus den Tausenden zu und dankte für die bekundete Treue. »Durch Gottes Fügung und tausendjährige Geschichte ist Rupprecht zum rechtmäßigen Herrn bayerischer Lande geboren!« – Baumgartner hat nach dieser freudigen Kundgebung seinen monarchischen Gefühlen mit Wehmut nachgetrauert: »Freili, schöner waars schon, wenn man wieder an König hättn und gar a so frech tätn wir Politiker dann vielleicht doch net sein!«

Der stellvertretende Ministerpräsident von Bayern konnte die Repräsentationsaufgaben gar nicht mehr richtig genießen. Seine schönsten Tage waren es, wenn er als Landwirtschaftsminister hinaus zu seinen Bauern gekommen ist, zur Einweihung einer landwirtschaftlichen Schule, zu einem bäuerlichen Volksfest oder auch einmal auf eine Bauernhochzeit. Oft nahm er in seinem Ministerwagen auch einfache Leut mit.

Die Angriffe der mächtigsten Opposition, die es in Bayern je gegeben hat, waren nervenaufreibend. Denn hinter dieser Opposition stand das Gewicht der großen, erfolgreichen Bundesregierung Konrad Adenauers, dem die blauweißrote Stimme des Landes Bayern im Bundesrat gar nicht gefallen wollte. »Meine Herrn, dat müssen Sie mir wieder in Ordnung bringen!«

Die Ordnung war bereits im Anrollen. Seit in den Spielkasinos zu Bad Kissingen, Bad Reichenhall, Garmisch und Lindau die Roulette-Kugel rollte, war der Teufel los. Mit 92 gegen 79 Stimmen gestattete der Bayerische Landtag am 21. April 1955 in namentlicher Abstimmung die Zulassung von zunächst vier Spielbanken. Der Inhaber der Hessischen Spielbank Bad Homburg, Simon Gembicki, bekam die Konzession für Bad Kissingen. Das Innenministerium hatte die Konzessionäre, die von den Gemeinden vorgeschlagen wurden, im Fall Gembickis also von den Stadtvätern in Bad Kissingen, nur zu prüfen, ob sie die gesetzlich vorgeschriebenen Bedingungen erfüllten, die da waren: 1. eine Million Gründungskapital, 2. weiße Weste (nicht vorbestraft) und 3. vom Verfassungsschutz als unverdächtig überprüft. Der BP-Innenminister erfährt von der Frankfurter Polizei, daß Gembicki nicht vorbestraft ist und auch der Verfassungsschutz kann nichts vorbringen gegen den Bankier aus Frankfurt, obzwar Martin

Riedmayr vom bayerischen Verfassungsschutz den Innenminister von einer zweifelhaften Vergangenheit Gembickis unterrichtet hatte. Aber Geislhöringer hielt diese Angaben Riedmayrs für ungenügend, berücksichtigte sie nicht und verschwieg sie später auch vor dem Untersuchungsausschuß. Tatsächlich hatte sich Gembicki nichts zuschulden kommen lassen. Immerhin wurde im Spielbankenprozeß wegen dieses Verschweigens, wegen dieses »Meineids« der fast siebzigjährige Geislhöringer von den Richtern Wonhas, Mößner und Wolf zu einem Jahr und drei Monaten Gefängnis verurteilt.

Der Bankier Carl Stöpel hatte die Konzession für die Spielbank in Garmisch bekommen. Nur Freisehner ist leer ausgegangen, obwohl die Gemeinde Bad Reichenhall ihn bzw. seine Gruppe, die unter dem Namen seines Schwiegersohnes, Dieter Wolf, als »Internationale Spielbank Bad Reichenhall, Dieter Wolf KG« auftrat, dem Innenministerium als Konzessionär vorgeschlagen hatte. Der Bayernpartei-Innenminister Geislhöringer vergab die Konzession aber an die Ehefrau des Konzessionärs der Hessischen Spielbank Bad Homburg, an Frau Gerda Heidtmann. Geislhöringer begründete diese Entscheidung mit dem Vorwurf, Freisehner hätte bereits vor der Konzessionserteilung – auf bloße mündliche Zusage – seine zu erwartenden Bad Reichenhaller Spielbank-Anteile bzw. die der Dieter Wolf KG an verschiedene Spielbankeninteressenten verkauft. Freisehner drohte mit einer Klage. Das Innenministerium versprach, ihn bei der Vergabe der Konzession für die Spielbank in Bad Wiessee zu berücksichtigen. Aber diese Bank konnte nur als Filialbetrieb der Spielbank von Garmisch gestattet werden, da Bad Wiessee nicht ganz den gesetzlichen Anforderungen einer bayerischen Spielbankgemeinde entsprach. Konzessionär der Wiesseer Bank wurde Carl Theodor Stöpel, mit der Auflage, der Dieter Wolf KG, also Freisehner, eine 49prozentige Beteiligung einzuräumen. Freisehner beginnt sofort einen Handel mit seinen Bad Wiesseer Anteilen und verkauft dieselben mit 300% Gewinn an verschiedene Interessenten, vor allem an den Bankier Prof. Leimer, einen Garmischer Mitgesellschafter, für über 700000 Mark. Neben jedem Konzessionär stehen noch zahlreiche Mitkonzessionäre und Teilhaber.

Der lebhafte Handel mit den Spielbankanteilen – den gewiß nicht nur Freisehner betrieben hat – beschäftigte zahlreiche Anwaltsbüros, auch solche Advokatenkanzleien, deren Inhaber Landtags- oder Bundestagsabgeordnete gewesen sind. Die Anwaltskosten der Bad Kissinger Spielbank beliefen sich bereits im Gründungsjahr auf über 20000 Mark. Die Machenschaften der Konzessionäre sind nur schwer zu überblicken, geschweige denn zu durchschauen. Sie arbeiten mit Verdächtigungen, lancierten Presse-Artikeln und wahrscheinlich mit noch anderen krassen Methoden. Gewiß nicht alle. Wohl aber jene, die nicht zum Zuge gekommen sind und ihre Finger doch im Spiel hatten.

Im Landtag kursieren seit der Spielbankenkonzessionierung die Gerüchte, es sei bei der Vergabe nicht korrekt zugegangen, es habe womöglich der federführende Innenminister einige Konzessionäre begünstigt, andere benachteiligt. Und da der Herr Innenminister Geislhöringer der BP angehört, werden diese Verdächtigungen besonders lautstark von der Opposition vorgebracht. Der Abgeordnete Hanauer, von dessen Anwaltskanzlei übrigens auch einmal ein Spielbankkonzessionär beraten worden sein soll, beschuldigte die BP und ihren Vorsitzenden als erster. Es kommt zu Beleidigungsklagen und Einstweiligen Verfügungen, zunächst zugunsten der Bayernpartei. Aber das Geraune nimmt kein Ende. Immer wieder wird die Bayernpartei verdächtigt, Gelder von den Spielbankenkonzessionären erhalten zu haben – oder gleich gar eine Beteiligung. Alle diese Verdächtigungen führen schließlich zu dem berühmten »Untersuchungsausschuß zur Überprüfung der Vorgänge um die Erteilung der Spielbankenkonzessionen«, der in 43 Sitzungen 56 Zeugen vernimmt und vom November 1955 bis zum März 1956 sehr fleißig tagt. Vorsitzender dieses parlamentarischen Untersuchungsausschusses ist der SPD-Abgeordnete Rechtsanwalt Martin Hirsch[50]. Unter den Ausschußmitgliedern finden wir die Anwälte Rudolf Hanauer (CSU), den ehemaligen BP-, nunmehr aber CSU-Abgeordneten Franz Lippert und Dr. Dr. Alois Hundhammer (CSU).

Will man – soweit das überhaupt möglich ist – einen vernünftigen Eindruck gewinnen, dann muß man unbedingt zuerst das Protokoll von den Sitzungen dieses parlamentarischen Untersuchungsausschusses lesen. Landtagsstenographen haben es mitgeschrieben. Wer zuerst das 87seitige Urteil studiert, das die Landgerichtsdirektoren Dr. Wonhas und Dr. Mößner abgefaßt haben, kriegt einen falschen Standpunkt, denn in diesem Urteil wird die Tatsache eines Meineides zu selbstverständlich und dennoch auch zu raffiniert belastend, zu sehr durch ein riesiges staatsanwältlerisches Vergrößerungsglas und weit entfernt von der stattgehabten Wirklichkeit der tatsächlichen Aussage Baumgartners gesehen, betrachtet, erwogen und interpretiert. Auch die Verteidigungsrede darf man nicht zuerst lesen. Hier eine Verteufelung, dort ein Freispruch.

Der Historiker muß, bevor er an ein abschließendes Urteil denkt, zunächst die eigentliche Tat in Augenschein nehmen, muß sich auf den Kriegsschauplatz begeben, muß die Gegner und ihre Positionen, ihre Rüstungen und Vorteile, ihren Kampf erleben und beobachten. Und er mag sich daraufhin ein vorläufiges Urteil bilden. Jetzt erst ist es angebracht die Anklage zu studieren, die umfangreichen Untersuchungen, die Verteidigung und dann erst sich mit den Urteilen zu beschäftigen. Gegen Professor Baumgartner hätte man, bei auch nur geringer Großzügigkeit, in dem Punkte der Frage nach der Bekanntschaft mit Freisehner, überhaupt keine Anklage erheben brauchen. Der Untersuchungsausschuß jedenfalls ist durch die Anfrage Hanauers, »daß sein [Baumgartners] am Gewinn der Gesellschaft bekundetes Interesse zu der Überlegung zwingt, er gehöre zu dem Kreis derjenigen Personen, die hier ein Interesse vorzutragen haben«, einberufen worden.

Baumgartner war von dem israelitischen Mitkonzessionär Bärnkopf gebeten worden, er möge sich doch beim Innenminister Geislhöringer dafür verwenden, daß der Innenminister dem Gembicki etwas mehr auf die Finger sehe, denn mit der Spielbank in Bad Kissingen stimme es nicht, die Bank mache Verluste und sein Geld sei gefährdet. Baumgartner hatte Bärnkopf seinerzeit, in seiner ersten Landwirtschaftsministerzeit, als Beauftragten der nazigeschädigten Juden für eine bessere Ernährung dieser Juden – von der Militärregierung beauftragt – kennengelernt. Und er war diesem Bärnkopf sofort behilflich, d. h. er machte selber gleich dem zufällig in München weilenden Gembicki energische Vorhaltungen, zumal auch die Stadt Bad Kissingen Angst hatte, die Spielbank wieder zu verlieren. Das Treffen mit Gembicki fand zufällig in der Wohnung Bärnkopfs statt, weil Bärnkopf dem Minister erklärte, der Gembicki käme gerade um vier Uhr zu ihm in die Wohnung, aber Baumgartner in Eile war und den Fall rasch erledigt wissen wollte.

Die Einvernahme Baumgartners durch den Untersuchungsausschuß beschäftigte sich vorwiegend nur mit dem Bärnkopf-Gembicki-Besuch Baumgartners in der Wohnung Bärnkopfs. Nebenbei stellte dann Hanauer auch noch die Frage – nachdem Hundhammer und der Vorsitzende noch zahlreiche andere Fragen gestellt hatten –, ob Baumgartner neben Gembicki auch noch andere Spielbankenbewerber persönlich und näher gekannt hätte. Und Baumgartner, der kurz vorher mit dem fragenden Hanauer eine sehr heftige Auseinandersetzung hatte, antwortete: »Es sind sehr viele Spielbankbewerber bei mir gewesen, auch der Herr Freisehner wiederholt, auch der Herr Gembicki vorher, auch Spielbankbewerber für Reichenhall, wie sie bei Knoeringen[52] waren, wie sie bei der FDP und bei anderen Parteien waren...« Bald darauf unterbricht Dr. Zdralek, ein Ausschußmitglied der SPD, die Ausführungen Baumgartners und kommt mit einer neuen Frage wieder auf die Wohnung des Herrn Bärnkopf zurück. Und so geht es noch etliche Seiten weiter.

Und die Antwort nach der persönlichen Bekanntschaft mit Freisehner, es seien viele Spielbankenbewerber bei ihm gewesen, auch der Herr Freisehner wiederholt, soll ein Meineid gewesen sein? – »Haben Sie Freisehner persönlich gekannt?« – »Ja, er war wiederholt bei mir.« – Die Frage ist korrekt beantwortet und von einem Meineid kann keine Rede sein. Nicht einmal von einer falschen Aussage oder von einem Verschweigen eines Teiles der Aussage. Die Begründungen des Landgerichtsdirektors sind spitzfindig und ohne Wohlwollen. Die Antwort Baumgartners besage, argumentiert der meineidfindige, hochbegabte Jurist und spätere Senatspräsident, »daß Freisehner keine andere Behandlung durch ihn erfahren habe als die vielen anderen Spielbankbewerber und verneint zugleich ein Verhältnis zu Freisehner, das unter den Begriff einer näheren, persönlichen Bekanntschaft fiele.« Und er hätte durch sein schamloses Lügen den bayerischen Landtag »desavouriert«, donnerte Richter Wonhas und gab zwei Jahre Zuchthaus für diese einzige Aussage, die obendrein objektiv und subjektiv und nach den sprachlichen Gepflogenheiten aller denkenden und redenden Menschen richtig war. In allen anderen Punkten mußten selbst »die schärfsten Richter, die damals in Bayern aufzutreiben waren«, die Herren Wonhas und Mößner nämlich, wie mir zahlreiche Juristen versichert haben, den Professor Dr. Joseph Baumgartner freisprechen.

Dem Freisehner glaubten diese Richter aber beinahe jedes Wort und begründeten fortwährend seine Glaubwürdigkeit, obwohl er unglaubliche Details auftischte: Geschenke an Frau Baumgartner, Mantelstoffe, Krankenhausrechnungen, bezahlte Autoreparaturen, Bergpartien, Abendessen usw. Tagelang beschäftigte sich das Gericht mit diesen Aussagen des Kaufmanns, den das Meineidsgewissen so sehr gedrückt hatte, daß er sich selber angezeigt hatte. Aber trotz der unerschütterlichen Glaubwürdigkeit Freisehners konnte kaum ein Bruchteil der Anschuldigungen bestätigt werden. Zur »Desavouierung« Baumgartners hat es aber genügt.

Es berührt eigentümlich, ja bestürzend, wie Professor Baumgartner nach seiner Haftentlassung Nachforschungen über die Vergangenheit seiner Richter anstellt. Wie er Hinweise verfolgt, nach denen Landgerichtsdirektor Wonhas während des Krieges in Kiew ein gefürchteter Kriegsgerichtsrat gewesen sein soll und scharfe Urteile gefällt hatte. Wie diese Verdächtigung ihm aber der Justizminister Haas verbietet.

Auch die Herren Richter in Karlsruhe hoben den

Schuldspruch nicht auf, erkannten auf Meineid, sprechen mit Wonhas von schamloser Lüge und »Desavouierung«. Sie heben nur das Strafmaß auf und verlangen, darüber neu zu verhandeln. Dieses Verfahren aber hat Professor Baumgartner nicht mehr erlebt. Er starb am 21. Januar 1964 an den Folgen eines Schlaganfalles, infolge zunehmend heftiger werdender Kreislaufstörungen, infolge immer höher werdenden Blutdrucks, infolge immer größerer seelischer Erschütterungen, infolge immer erbitterter ertragenen Unrechts. Er war erst 59 Jahre alt, der Hebammensohn aus Sulzemoos. Seine Geschwister sind alle noch wohlauf.

Der Sturz

Was nützt es dir, o Mensch, so hoch zu steigen, wenn du
hernach so tief herunterstürzt? — Die barocken Prediger
unseres katholischen Bayern haben über diese Erkenntnis
oder Exklamation gerne gepredigt. Auch Baumgartner war
eine barocke Natur. Und er hat seinen eigenen Sturz exemplarisch genug empfunden.

Allerdings taucht in seinen Skizzen immer wieder ein
Seufzer auf. »Welche Gerechtigkeit! Dem G. geben sie wegen des Ausbaues der Vilstalstraße das Bundesverdienstkreuz und mich sperren sie ein!« — Oder er schreibt an den
Rand eines Zeitungsartikels: »Auch er wird eines Tages
vor seiner eigenen politischen Leiche stehen, wenn er so
weitermacht!« — Er sammelt aus Zeitungen Urteile von
Meineidsverfahren und unterstreicht die Strafmaße mit
rotem Stift, bringt Ausrufezeichen an, wo es heißt: »Sechs
Monate Gefängnis mit Bewährung wegen Meineids und
Diebstahls.« — Umfangreich ist der Briefwechsel mit seinem unermüdlichen Rechtsanwalt Dr. Ostler. Er schickt
ihm immer wieder Materialien und hat Einfälle. Aber
nach dem ungünstigen Spruch der Karlsruher Bundesrichter wird er stiller, noch melancholischer.

In welch krassem Unterschied stehen die letzten Briefe
aus seiner Hand gegenüber jenem ersten Brief aus dem Gefängnis Stadelheim an seine Frau vom 9. August 1959! —
Am 8. August wurde er noch im Gerichtssaal verhaftet.
Das Pressebild darüber ist erschütternd. Die Beamten führen ihn gerade ab und er faßt sich mit der linken Hand
schmerzlich an seine Brust. Der stellvertretende ehemalige
bayerische Ministerpräsident wird in Handschellen abge-

führt! – Am 9. August schreibt er, und der Anfang klingt fast gemütlich: »Es ist Sonntag Nachmittag. Ich sitze in der Zelle und finde keine Worte, was ich zu diesem Unglück sagen soll, das dieser Freisehner über uns gebracht hat. Dieser grausame Justizirrtum muß doch berichtigt werden können. Ich habe keinen Meineid geschworen. Es gibt viele Revisionsgründe, die ich sehr genau und sehr ausführlich mit dem Anwalt besprechen werde ...«

1962 sind die Briefe schon sehr kurz. »Sehr geehrter Herr Rechtsanwalt! 600,– DM habe ich auf Ihr Bankkonto überwiesen. Ich danke Ihnen für Ihre außerordentlichen Bemühungen in meinem Rechtsfall. Mit freundlichen Grüßen Ihr B.«

Er muß sich nach seiner Gefängnisentlassung – im Dezember 1959 Aussetzung der Haft wegen Krankheit, also Haftunfähigkeit – wöchentlich einmal bei der Staatsanwaltschaft melden. Der Haftbefehl schwebt weiter über seinem Kopfe. Erst nach dem Karlsruher Revisionsspruch und der Aufhebung des Urteils im Strafmaß, darf er eine Ferienreise an die Adria machen. Er wird dabei von einem Beamten der Staatsanwaltschaft beobachtet.

Daheim wagt er sich nicht mehr unter die Leut. Nicht einmal mehr nach Sulzemoos. Überall würden sie ihn nur anreden, selbst auf abgelegenen Feldwegen bekam er gutmeinende Ratschläge. »Sie san doch der Baumgartner, gelln S', der Herr Minister? – Sie, lassen's Ihnen doch gern habn von die gschertn Rammeln! Kaufen'S Ihnen a Maß Bier und denkens Ihnen: Scheißpolitik!«

Auch das Mitgefühl dieser vielen schmerzt ihn. Wo sind sie denn gewesen seine Getreuen, als man ihn verurteilt hatte? Da ist niemand aufgestanden, da hat niemand protestiert in Bayern. Weder in Ober- noch in Niederbayern, nicht in Schwaben und nicht in Franken! Ein paar mitleidige Kommentare wurden verfaßt, die schon eher einen Nachruf darstellten, weiter nichts.

Und wo bleiben die engeren Freunde? Wo die Kampfgefährten der eigenen Partei? Keiner von ihnen besucht ihn, fast keiner spricht ihm Mut zu. Baumgartner war verlassen und vereinsamt. Während Kommunisten und Spartakisten für das kleinste Unrecht, das einem der ihren widerfährt, auf die Straße gehen, ratterte für Baumgartner nicht der älteste Traktor. Die venia legendi haben sie ihm entzogen. Nie mehr durfte er Studenten unterrichten. Den Doktor-Titel haben sie ihm gelassen. Die Abgeordnetenpension wurde ihm großzügig gewährt.

Der Sturz hatte schon mit dem Platzen der Viererkoalition am 8. Oktober 1957 begonnen. BHE und FDP traten damals aus der Koalition mit SPD und BP aus und bildeten unter Ministerpräsident Dr. Hanns Seidel eine neue Regierung. Die BP mußte mit der SPD in die Opposition gehen, dabei hatten den Tag zuvor noch CSU-Unterhändler mit der Bayernpartei ernsthafte Scheinverhandlungen geführt über ein nun endlich zu stiftendes Bündnis der weißblau-schwarzen Brüder, über eine große Versöhnung zwischen CSU und Bayernpartei. Fischbacher und Baumgartner, Geislhöringer und Lallinger ließen sich von den CSU-Unterhändlern Seidel, Eberhard[53] und Schedl[54] so himmelschreiend täuschen, daß die BP-Minister dem Ministerpräsidenten Hoegner ihren Rücktritt erklärten. Frohlockend rief Baumgartner aus: »I hab's ja allerweil gsagt, mir kemma wieder zsamm!« Stunden später stellte Dr. Hanns Seidel sein neues Kabinett vor, in dem nur CSU, FDP und BHE vertreten waren – aber keine Bayernpartei. Schon diesem Streich war die Seele Baumgartners nicht mehr gewachsen.

»Dem Bundesrat haben die fünf Stimmen aus Bayern

gefehlt und die mußten der totalen Majorität Adenauers eben auch noch geopfert werden – und zwar in diesen schmählichsten Verhandlungen unter dem Tisch, in diesem würdelosen Marionettentheater der Drahtzieher Dr. Schedl und Eberhard...« Über Baumgartner, hieß es, schwebe ein Verfahren wegen Meineids, er sei daher nicht mehr koalitionsfähig und selbst engste Parteifreunde haben es bald geglaubt.

Von Drahtzieherei und unwürdigem Verhalten hatte man in diesen Monaten schon so viel gehört, daß eine Politkomödie der anderen folgte und niemand mehr etwas Besonderes daran gefunden hat. Schon war man daran gewöhnt. In der Politik muß es halt einmal so oder so ähnlich lustig zugehen!

Und fleißig ging es im neuen Jahr lustig weiter. Es waren ohnehin Wahlen in Aussicht. Die Spielbankverdächtigungen auf die Bayernpartei wurden kräftig im Lande herumgepredigt. Die CSU ließ verlauten, daß sie alle »von der Bayernpartei zugelassenen« Spielbanken wieder aufheben würde. Vor allem aus sittlichen Gründen, denn Spielbanken seien nun einmal Lasterhöhlen des Teufels. Und bestochen sind die Herrn Bayernparteiler von den Herren Gembicki und Stöpel und Freisehner etc. halt doch vielleicht worden. Die engeren Freunde distanzierten sich.

Die Versammlungen des ehemaligen stellvertretenden Ministerpräsidenten Baumgartner waren zwar noch gut besucht, aber der alte weißblaue Glanz, der vordem über diesen Versammlungen leuchtete, war im Verblassen begriffen. Auch Dr. Baumgartner hat das gemerkt. Immer häufiger meldeten sich in seinen Versammlungen, die immer noch die besuchtesten im ganzen Lande waren, Diskussionsredner zu Wort. Und immer direkter fragten diese dann nach den Spielbanken und warum solche in Bayern hätten eingerichtet werden müssen.

Das Wahlergebnis vom November 1958 war erschrekkend. Die CSU hatte mit 102 Köpfen 50 % der Sitze erobert. Die Bayernpartei-Fraktion war auf 14 Mannder zusammengeschrumpft. – Die Taktik der CSU war also die richtige gewesen.

Professor Baumgartner hielt noch eifrig in Weihenstephan seine Vorlesungen und blieb ansonsten noch der alte Streiter, obschon er den Verfall seiner Partei und damit das Ende seiner politischen Karriere deutlich erkannt hat. Die Spielbankaffäre hatte der Bayernpartei das Genick gebrochen. Nur die Spielbankaffäre? Hatte nicht auch das gute, staatsethische Subsidiaritätsprinzip an Wirkungskraft eingebüßt? Waren die Leut nicht mit dem Föderalismus Konrad Adenauers zufrieden geworden?

Das Wahlergebnis von 1958 war eindeutig und es hätte zur Vernichtung der Bayernpartei eines Spielbankenprozesses nicht mehr bedurft. Aber das Unheil entsteht halt gern durch Übereifer, durch ein Zuviel des Guten oder Bösen. Das Haberfeldtreiben gegen Professor Baumgartner nahm seinen lustigen-bayerischen Anfang.

Am 7. Juli begann vor jener 2. Strafkammer des Landgerichtes München I der Prozeß in der Strafsache gegen den Kaufmann Karl Freisehner und vier andere wegen Meineids. Unter den vier anderen saßen die Herren Professor Baumgartner und Dr. Geislhöringer. Das Gericht hielt sich Tage, ja Wochen mit den Beweisen über die Beziehungen der Familie Baumgartners mit jener der Familie Freisehners auf. Außer jener Hochzeit und gelegentlichen Kaffeebesuchen der Frau Baumgartner bei der Frau Freisehner und außer jenen hartnäckigen Anbiederungen des Kaufmanns Freisehner beim Minister und Parteivorsitzenden Baumgartner ist nicht viel dabei herausgekommen. Trotz der ungeheueren Lügen Freisehners nicht, dem freilich das Gericht allerweil mehr zu glauben geneigt schien wie dem Exminister.

So haben die Herren Richter denn am 8. August 1959 ihren harten Spruch gefällt. Baumgartner wurde auf der Stelle verhaftet. Im Krankenbau von Stadelheim bekam er zwar Medikamente für seinen hohen Blutdruck und für seine Zuckerkrankheit; aber er wurde nicht so zuvorkommend behandelt wie Karl Freisehner, der sehr häufig auf Heimaturlaub geschickt worden sein soll, denn Karl Freisehner hatte ja durch seine Selbstanzeige den Prozeß erst in Gang gebracht. Wo kein Kläger, da kein Richter.

Freisehner soll später einem »Freund« gegenüber erklärt haben: »Drei Monat habns mich in Haar beobachtet, ob mein Gewissen scharf genug ist und auch wirklich kein bisserl kein Unrecht verdauen kann. Da hab i allerweil gwoant und hab an meine Brust gschlagn: I hab an Meineid gschworn, hab i ausgruafn, und i kann nimmermehr schlafn, kann meiner Frau Gemahlin nimmermehr in die Augn schaun und meiner Tochter und meinem Schwiegersohn aa net...«. Und dann wäre er herausgeplatzt und hätte gesagt: »Ja glauben die, mi druckt mein blödes Gwissen wegen eines lausigen Meineids, über den eh schon das Gras gewachsen ist? I und an Gwissensbiß? Da lachen ja die ältesten Milliküah noch im Schlachthof!«

Joseph Baumgartner ist nie mehr politisch in Erscheinung getreten. In seinem Truderinger Häusl haben ihn Kummer und Krankheit auf einen vorzeitigen Tod vorbereitet. Nur selten loderte noch sein ehemaliges Temperament auf zu einem leichten Funkeln hinter den müden Augen. Seine heftigsten Gemütsbewegungen erstickten jeweils die Tränen. Einige von diesen Tränen sind in ohnmächtigem Zorn geweint worden, aber die meisten sind halt doch Elendstränen gewesen.

»Die ich meiner Lebtag nicht hab ausstehen können, die alten Nazi und die deutschen Unitaristen, die haben mich fertiggemacht!« Ein Manuskript der Rundfunkrede des Ministerpräsidenten Seidel vom August 1959 versieht er mit Frage- und Ausrufezeichen. Besonders die Stelle: »...Eine Entschädigung der Spielbankenkonzessionäre wäre zwar der schmerzliche, aber durchaus gerechtfertigte Kaufpreis für die Sicherung des Rechtsstaates. Der Rechtsstaat ist ein hohes Gut. Wir wissen aus Erfahrung, was es heißt, wenn er einem Volk verloren geht!«

Die absolute Mehrheit seiner Partei sei diesem Ministerpräsidenten wichtiger als ein gelegentlicher Mißbrauch der Justiz, vermerkt er an dieser Stelle. »Vier Prozent mehr oder weniger sind für unsere Demokraten von entscheidender Ungeheuerlichkeit!« Er hat seinen Fall durchschaut, er hat ihn auch begriffen. Seine Verbitterung konnte dadurch aber nicht gemindert werden. Nach dem plötzlichen Tode des Ministerpräsidenten Dr. Hanns Seidel, im August 1961, versucht er mit seinem Rechtsanwalt, noch eine Verfassungsbeschwerde beim Bundesverfassungsgericht anzubringen. Auch dieses Unternehmen verläuft im Sand, schwebt bis zu seinem Tod. Der Brief seines Landsmannes, des Münchner Weihbischofs Dr. Johannes Neuhäusler, den dieser ihm im September 1959 nach Stadelheim geschrieben hat, liegt bei den Scheyrer Studentenquittungen und bei den alten Familienfotos. »Nützen Sie die Stille und Einsamkeit zur inneren Besinnung und Einkehr! Gott hat in allem, was er uns schickt, seine guten Absichten...« Daß man die guten Absichten Gottes nur immer nicht zu leichtfertig und voreilig erkenne! Und habe der Ministerpräsident Dr. Seidel nicht vor ihm in die Grube müssen?

Er erlebt das Attentat auf John F. Kennedy und wird noch stiller und melancholischer. Er getraut sich wegen seines hohen Blutdruckes nicht mehr ans Steuer. »Ich hab auf einmal so einen Linksdrall, hab heut direkt meinen Gartenzaun angefahren . . .«

Einen Tag später liegt er gelähmt im Bett. Die Sanitäter bringen ihn ins Krankenhaus an der Ziemssenstraße. Die Gehirnblutung kann nicht mehr gestillt werden. In der Nacht vom Sonntag auf den Montag stirbt er frühmorgens um zwei Uhr. Man schreibt den 21. Januar 1964.

Die Beerdigung auf dem Heimatfriedhof in Sulzemoos ist ein schwarzes Volksfest geworden. Den größten Kranz hat der amtierende bayerische Landwirtschaftsminister Dr. Dr. Alois Hundhammer niedergelegt, einer seiner Gegner aus den Reihen der CSU. Die Stimmung bei dieser Beerdigung war unheimlich, war traurig und erregend zugleich.

»Is' jatz besser, weil er drunt liegt?« So fragte ein alter Pfarrer den CSU-Politiker. – Einstweilen lag er noch gar nicht im Grab. Durch ein Mißgeschick der Träger – einer hatte die Gurte zu schnell losgelassen – stellte sich der Sarg Baumgartners auf den Kopf. – »Dös hat was zum bedeutn, Mannder! Der is no net tout!«

> *Gott mit uns, dem Bayernvolke,*
> *Daß wir unsrer Väter wert,*
> *Fest in Eintracht und in Frieden*
> *Bauen unseres Glückes Herd!*

Mit dem Begräbnis Baumgartners endet die größte politische Tragödie Bayerns seit dem rätselhaften Tod König Ludwigs II. – Ist die Tragödie wirklich schon zu Ende?

Wir dürfen den Patrioten aus Sulzemoos nicht vergessen! Baut ihm ein Denkmal!
Sprecht ihn frei!

Anhang

I.

Auszug aus dem Protokoll über die Sitzung des Untersuchungsausschusses zur Überprüfung der Vorgänge um die Erteilung der Spielbank-Konzessionen vom 5. Dezember 1955

II.

Auszug aus dem Urteil der 2. Strafkammer des Landgerichts München I vom 8. August 1959

III.

Offener (bisher unveröffentlichter) Brief Dr. Baumgartners vom 21. September 1959 aus der Strafanstalt Stadelheim an Ministerpräsident Dr. Seidel

IV.

Auszug aus dem Revisionsurteil des Bundesgerichtshofes vom 19. Februar 1960

V.

Brief des bayerischen Justizministers Dr. A. Haas an Dr. Baumgartner vom 2. Mai 1962, den Landgerichtsdirektor Dr. Wonhas betreffend

I.

Auszug aus dem Protokoll über die 7. Sitzung am Montag, dem 5. Dez. 1955 des Untersuchungsausschusses zur Überprüfung der Vorgänge um die Erteilung der Spielbank-Konzessionen.

Vernehmung des Zeugen Dr. Baumgartner

Der Zeuge wird zur Wahrheit ermahnt, über die Bedeutung des Eides und die strafrechtlichen Folgen einer unrichtigen oder unvollständigen Aussage belehrt und auf sein Auskunftsverweigerungsrecht gem. § 55 StPO. u. Art. 29 BV hingewiesen.

Personalien: Dr. Josef Baumgartner, geb. am 16. 11. 1904 in Sulzemoos bei Dachau, verheiratet, ein Kind, von Beruf Hochschulprofessor.

Vorsitzender: Herr Minister, Sie kennen ja wohl die Interpellationsbegründung des Herrn Abg. Hanauer? *(Z. Dr. B.:* Jawohl!) Wir haben Sie hierher geladen, um die Dinge, die da behauptet worden sind, nachzuprüfen.

In der Interpellationsbegründung heißt es u. a., daß Sie vor etwa drei Wochen – die Interpellationsbegründung war am 6. Okt., es müßte also Mitte September gewesen sein – Herrn Gembicki nach München beordert hätten, um ihn in der Privatwohnung des Herrn Bärnkopf zu einer längeren Aussprache zu empfangen.

Würden Sie bitte so freundlich sein, uns darüber Auskunft zu erteilen, was daran richtig ist und was sich abgespielt hat.

Z. Dr. B.: Hierbei ist nicht richtig, daß ich Herrn Gembicki beordert habe. Herr Gembicki ist von selbst nach München gekommen und ich wurde von Herrn Bärnkopf gebeten, im Interesse des Staates und im Interesse seiner eigenen Einlage, den Herrn Gembicki zu hören, weil nach seiner Ansicht in Kissingen die Dinge nicht in Ordnung seien. Ich kann mich deshalb noch an den Tag sogar erinnern, weil es einen Tag vor meinem Urlaub war. Ich bin in die Wohnung des Herrn Bärnkopf gefahren, weil ich diese Sache nicht im Ministerium besprechen wollte, und habe eine ganze Stunde lang dem Herrn Gembicki Vorhaltungen gemacht über Dinge, die ich in meiner Eigenschaft als Abgeordneter und als Mitglied der Staatsregierung erfahren habe. Ich habe es für meine Pflicht gehalten, hier einzuschreiten, und ich habe sofort dem Herrn Ministerpräsidenten im Ministerrat, dem Koalitionsausschuß und dem Herrn Innenminister über diese Vorgänge Bericht erstattet und auch Bericht erstattet, daß ich dem Herrn G[embicki] Vorhaltungen gemacht habe. Der Herr Innenminister hat mir daraufhin zugesagt, daß er sofort in den nächsten Tagen eine Konferenz abhalten werde, und die ist scheinbar dann auch gewesen, wo er diese Angelegenheit mit Herrn G[embicki] und mit den Verträgen wegen Kissingen in Ordnung gebracht hat. Das war alles, was ich mit der Sache zu tun hatte. Ich habe mich also verpflichtet gefühlt, hier nach dem Rechten zu sehen. Wenn das ein Regierungsmitglied nicht tut oder ein Abgeordneter nicht tut, dann kann ihm doch später gesagt werden: Sie sind doch aufmerksam gemacht worden. Siehe Residenztheater, siehe Steuergeldverluste bei den Filmen usw. Wenn sich ein Minister hier nicht einschaltet, dann kann ihm doch der schwerste Vorwurf gemacht werden.

Vorsitzender: Darf ich einmal fragen, was das für Vorwürfe gewesen sind, die Sie beunruhigt hatten.

Dr. B.: Ich hatte einen mündlichen Bericht, einen ziemlich ausführlichen Bericht, von einem Mann, dessen Namen ich nicht sagen möchte. Der hat mir einen ausführlichen Bericht gegeben, und in der Hauptsache war darin vorgeworfen, daß dort die Bilanzen nicht in Ordnung seien, ferner, daß G[embicki] zu aufwendig lebe usw., außerdem, daß er die Verträge seiner Kompagnone nicht in Ordnung bringe. Deshalb hat sich auch Herr Bärnkopf, den ich persönlich seit vielen Jahren kenne, an mich gewandt, weil er gefürchtet hat, daß er seine Einlage scheinbar verliere. Und über diese Dinge habe ich Herrn Gembicki eine ganze Stunde lang die schwersten Vorhaltungen gemacht. Ich glaube, daß weder er noch ich gesessen sind, sondern immer auf und ab gegangen sind. Und es ist mir völlig unverständlich, daß aus einer solchen pflichtbewußten Handlung heraus Herr Kollege Hanauer in fragender Form Verdächtigungen gegen mich ausspricht, die im Normalfall doch strafbar sind, wenn sie nicht in die fragende Form gekleidet würden.

Vorsitzender: Eine andere Frage. Es ist in der Interpellationsbegründung behauptet worden, Sie würden sich in sehr auffälliger Weise laufend nach den Gewinnen des Herrn G[embicki] in Kissingen erkundigt haben, und es werden in der Interpellationsbegründung dann Schlüsse daraus gezogen, daß es doch merkwürdig sei, daß Sie als Landwirtschaftsminister sich überhaupt um die Dinge gekümmert haben und etwa an Gewinnen interessiert gewesen seien, obgleich die Gewinne den Staat als solche nicht angehen, sondern er sowieso seine 80% von den Bruttoerträgnissen bekommt.

Z. Dr. B.: Ich habe mich sehr genau, und zwar bei dieser Besprechung, nicht laufend, sondern ein einziges Mal darnach erkundigt, wie die Bilanzen aussehen, weil ich dem Ministerpräsidenten, dem Ministerrat und dem Innenminister durch diese Mittelsmänner Bescheid sagen wollte, und ich wollte auch mit dem Herrn G[embicki] sprechen, ob diese Dinge stimmen, die mir gemeldet worden sind. Selbstverständlich habe ich als Minister nicht nur das Recht, sondern die Pflicht, wenn mir solche Dinge gemeldet werden, den Herrn G[embicki] zur Rede zu stellen und zu fragen: Was haben Sie für eine Bilanz, wie sind die Einnahmen? Das hat doch nichts damit – – – Dann wäre ich bei allen Firmen beteiligt oder jeder Abgeordnete, weil sich Tausende von Firmen, Privatfirmen, dauernd an Abgeordnete wenden. Dann könnte sich überhaupt niemand mehr an einen Abgeordneten oder Minister wenden. Ich finde das für ganz selbstverständlich, daß ich hier einschreiten mußte, und es wäre gut, wenn man früher bei diesen Filmverlusten oder – ohne hier jemandem einen Vorwurf zu machen – bei diesen Residenztheatersachen rechtzeitig nach dem Rechten gesehen hätte.

Vorsitzender: Nun steht in der Interpellationsbegründung wörtlich folgender Satz:

Ist sich denn der Herr stellv. Ministerpräsident, wenn die Behauptung des Herrn Gembicki richtig sein sollte, darüber im klaren, daß sein am Gewinn der Gesellschaft bekundetes Interesse zu der Überlegung zwingt, er gehöre zu dem Kreis derjenigen Personen, die hier ein Interesse vorzutragen haben?

So heißt es in der Interpellationsbegründung. Daher muß ich Sie fragen, ob Sie persönlich oder für Ihre Partei irgendein Interesse an den Gewinnen des Herrn G[embicki] haben oder gehabt haben. Mit anderen Worten heißt das nichts anderes als, die BP oder Minister Dr. B. ist an den Gewinnen beteiligt.

Z. Dr. B.: Ich habe weder für mich persönlich noch für die BP direkt oder indirekt irgendein Interesse an Spielbanken und ich habe weder für mich persönlich direkt oder indirekt noch für die Partei direkt oder indirekt auch nur einen Pfennig erhalten.

Vorsitzender: Sind noch Fragen an den Herrn Staatsminister?

Kallenbach: Sie scheinen, Herr Staatsminister, mit Herrn Gembicki über diese Frage nur das eine Mal gesprochen zu haben (*Z. Dr. B.* Ja!), so daß es nicht richtig sein kann, Sie hätten andauernd – – –

Z. Dr. B. Nur dieses einzige Mal, und da war es sehr stürmisch. Ich war sogar ziemlich zornig, weil ich weggefahren bin am nächsten Tag und es noch erledigen sollte. Dringend haben mich zwei Herren gebeten, darunter Herr Bärnkopf und der andere Informant, der die Dinge sehr genau kennt von Kissingen. Ich bin eindringlich gebeten worden, die Dinge zu besprechen, damit die Dinge in Ordnung gehen da oben.

Kallenbach: Dann möchte ich einige Fragen an Sie richten im Hinblick auf Bekundungen, die der Zeuge Harwart gemacht hat. Der Zeuge Harwart hat davon gesprochen, daß Bärnkopf, in dessen Wohnung diese Besprechung stattgefunden habe, sich gerühmt habe, er habe die Konzessionen beschafft. Harwart hätte sich an ihn wenden können, dann wäre das Harwart'sche Interesse besser gewahrt worden. Nachdem hier der Zusammenhang zwischen Bärnkopf und Ihnen hergestellt wird, möchte ich Ihnen diese Frage vorhalten, was Sie dazu zu sagen haben. Und dann hat außerdem Herr Harwart auch von Ihren Beziehungen zu Jakob gesprochen, der ja unter den Spielbankinteressenten eine Rolle spielt. Vielleicht hätten Sie die Liebenswürdigkeit – (*Lallinger:* Mit Jakob, das stimmt nicht) – Seite 123 hat er davon gesprochen.

Z. Dr. B.: Darf ich die Fragen dem Herrn Abg[eordneten] gleich direkt beantworten (*Vorsitzender:* Ich bitte darum!) — Bezüglich der ersten Frage. Das war die Frage bezüglich – – –

Kallenbach: Bärnkopf, der sich nach Angaben Harwarts gerühmt haben soll, er habe die Konzessionen verschafft, er, Bärnkopf [Harwart?], hätte früher zu ihm kommen sollen, dann hätte er auch etwas bekommen.

Z. Dr. B.: Das ist mir völlig neu. Wenn Bärnkopf oder diese Konzessionäre unter sich solche Behauptungen aufstellen, das ist mir völlig neu. Bei mir sind sehr viele Leute gewesen, wie bei jedem Parteivorsitzenden. Das wird sich inzwischen herausgestellt haben. Jahrelang sind diese Interessenten bei mir als Fraktionsvorsitzenden und als Parteivorsitzenden gewesen bis zum Überdruß und ich habe alle diese Leute an die Stadt zuständigkeitshalber oder an den Innenminister zuständigkeitshalber geschickt. Ich habe für niemand eine Empfehlung abgegeben – das muß der Herr Innenminister bezeugen können – auch beim Herrn Innenminister niemals eine Empfehlung abgegeben, auch für Herrn Bärnkopf, auch für den Herrn Gembicki nicht. Das ist ja denen ihre Sache gewesen. Ich habe sogar später erfahren, daß Bärnkopf beteiligt ist bei G[embicki], wie er mir seine Sorge ausgesprochen hat, daß er vielleicht sein Geld verliere, wenn da droben keine Ordnung ist, wie dieser Gewährsmann da berichtet hat. Also, diese Frage kann ich nur verneinen. Ich habe keine Veranlassung gehabt, irgend jemand zu empfehlen.

Dr. Hundhammer: Für uns im Ausschuß kann es von Bedeutung sein, den Dingen nachzugehen, warum jemand in so ungewöhnlichem Maße sich um das Zustandekommen der Spielbanken bemüht hat. Also Sie jedenfalls als Zeuge wissen über diese Hintergründe nichts.

Z. Dr. B.: Nein

. . .

Hanauer: Herr Minister, haben Sie mit dem Herrn Innenminister vor der Konzessionsvergabe – Sie kennen das Datum. Es ist der 10. Juni – einmal gesprochen oder des öfteren gesprochen über die Möglichkeiten, wie die Konzessionsvergabe erfolgen soll, und über die Personen, die evtl. Berücksichtigung finden sollen?

Z. Dr. B.: Nicht ein einziges Mal, Gott sei Dank!

Hanauer: (Herr Minister, darf) Haben Sie auch in den Tagen vom 7. bis 10. Juni nie in die Verhandlungen eingegriffen?

Z. Dr. B.: Nicht ein einziges Mal.

Hanauer: Herr Minister, darf ich Sie bitten, die Beziehungen zum Herrn Bärnkopf, der ja Kommanditist in Bad Kissingen ist, uns näher anzugeben, nähere Angaben darüber zu machen? Es war im Zusammenhang mit einer Beweisaufnahme davon die Rede, daß irgendwelche geschäftlichen Beziehungen zwischen Ihnen und Herrn Bärnkopf bestehen sollen.

Z. Dr. B.: Geschäftliche Beziehungen??

Hanauer: Freundschaftlich-geschäftliche Beziehungen, davon war die Sprache.

Z. Dr. B.: Von wem war da die Sprache?

Hanauer: Es soll Herr Bärnkopf in Anwesenheit eines dritten Zeugen gegenüber Herrn Harwart erklärt haben: Damals, wenn ich Sie gekannt hätte, hätten Sie sie genauso bekommen wie———

Z. Dr. B.: Jetzt wird's aber Tag! Geschäftliche Beziehungen? Ich kenne Herrn Bärnkopf aus der Zeit meiner ersten Ministerzeit. Da war er beschäftigt in dem Auerbachamt; ich weiß nicht mehr, wie es damals geheißen hat.

Dr. Zdralek: Staatskommissariat für Wiedergutmachung.

Z. Dr. B.: Er war im Staatskomm[issariat] für Wiedergutmachung, und daher kenne ich den Bärnkopf. Da habe ich ja so ganz am Anfang Sonderzuweisungen gegeben an diese DPs und an die Juden, die so ohne alles da waren, und im Auftrag der Amerikaner mußte ich mich um diesen Personenkreis wegen der Verpflegung annehmen. Und seit dieser

Zeit kenne ich den Herrn Bärnkopf. Das sind scheinbar die geschäftlichen Beziehungen.

Hanauer: Ich weiß es nicht. Ich frage ja nur.

Z. Dr. B.: Ich habe mit Herrn Bärnkopf genau so viel zu tun wie mit den anderen tausend Gesuchstellern, die dauernd an mich herantreten.

Hanauer: Herr Minister, haben Sie zu Bärnkopf nicht freundschaftliche Beziehungen? Sind Sie nicht per Du zu ihm?

Z. Dr. B.: Nein, ich habe genau so freundschaftliche Beziehungen wie zu Ihnen, Herr Kollege! (Heiterkeit!)

Hanauer: Das glaube ich nun nicht ganz. – Herr Minister, eine Frage: Haben Sie mit dem Herrn Bärnkopf über die Frage der Spielbanken, der Spielbankfolgerungen nicht öfters Unterhaltungen geführt?

Z. Dr. B.: Der Herr Bärnkopf hat mich erst diese sechs oder acht Wochen nach der Konzessionierung verständigt, daß er bzw. glaube ich, seine Frau, beteiligt ist. Ich weiß auch den Betrag. Und er hat gefürchtet, und hat nächtelang nicht mehr schlafen können, wie er mir gesagt hat, daß er das ganze Geld verliert, wenn der Gembicki dort droben sein Zeug nicht in Ordnung bringt. Er ist zu mir gelaufen. Da muß ich zum Baumgartner gehen, der kennt den Innenminister, und da muß G[embicki] sofort nach München kommen, damit die ganze Vertragssache in Ordnung geht, weil er sonst sein ganzes Geld verliert.

Hanauer: Richtig, aber meine Frage geht dahin, ob Sie nicht vorher schon persönlich – – –

Z. Dr. B.: Nie gesprochen!

Hanauer: Auch nicht fernmündlich?

Z. Dr. B.: Nein, auch nicht fernmündlich. Er hat sich ja nie an mich gewandt.

Hanauer: Ich habe noch eine Frage. Haben Sie nicht einmal wegen der Spielbanksachen Besprechungen gehabt in einer Pfälzer Weinstube in der Mittererstraße?

Z. D. B.: Nein, habe ich nicht.

Hanauer: Deren Gastwirt ein Freund vom Herrn Freisehner ist?

Z. Dr. B.: Habe ich nie eine Besprechung gehabt.

Hanauer: Sind Sie dort nicht zusammengekommen mit einem Druckereibesitzer Herzog aus Erding?

[Handschriftliche Notiz von Baumgartner: (kenne ich nicht!)]

Z. Dr. B.: Den kenne ich überhaupt nicht. Aber jetzt würde mich schon sehr interessieren – darf ich eine Gegenfrage stellen, Herr Abgeordneter? Wenn man mit solchen Dingen – Man sieht ja, daß das glatt aus der Luft gegriffen ist. Ich kenne einen solchen Mann überhaupt nicht.

Hanauer: Ich habe nur noch eine Frage: Erinnern Sie sich, daß Sie am Donnerstag der vorletzten Plenarsitzungswoche im Plenarsaal Veranlassung genommen haben, mir zu erklären, daß Sie auf Grund der Interpellation Veranlassung nehmen würden, sich mit meinen privaten und beruflichen Verhältnissen zu befassen, daß Sie mich vor die Anwaltskammer bringen würden, wo wir uns wiedersehen würden.

Z. Dr. B.: Ich habe zu Ihnen gesagt, welche konkreten Vorwürfe Sie mir machen können. Daraufhin haben Sie mir gesagt, Sie machen mir keine Vorwürfe. Herr Kollege, wenn Sie aber in einer so massiven Art, was ja in anderen Ländern strafbar ist, in fragender Form sagen, ob ich nicht finanzielles Interesse gehabt hätte und ob ich als stellv. Ministerpräsident nicht das und das usw. in fragender Form Verleumdungen und Beleidigungen gegen mich erlassen, dann muß ich doch, Herr Kollege, Sie fragen können: Welche konkreten Beschuldigungen können Sie gegen mich erheben? Dann haben Sie geantwortet: Ich mache doch Ihnen keinen Vorwurf, Herr Minister! Daraufhin habe ich gesagt: Nun, wir werden uns vielleicht bei der Anwaltskammer sehen. Es ist auch durchaus möglich, daß wir uns dort sehen.

Hanauer: Was wollten Sie mit diesem Hinweis zum Ausdruck bringen?

Z. Dr. B.: Das brauche ich hier noch nicht auszusprechen.

Hanauer: Sollte das eine Drohung sein, Herr Minister?

Z. Dr. B.: Nein, das sollte keine Drohung sein.

Hanauer: In welcher Form glauben Sie, daß Sie berechtigt sind, sich über meine berufliche Tätigkeit – – –

Z. Dr. B.: In der gleichen Form, in der Sie unerhörte Verleumdungen gegen einen amtierenden Staatsminister in fragender Form vorbringen.

Hanauer: Herr Minister, ich darf Sie wohl darauf hinweisen, daß Sie selbst vorhin erklärt haben, daß in dieser Form keine Verleumdung liegt.

Z. Dr. B.: In fragender Form!

Hanauer: Außerdem hat Herr Gembicki selbst erklärt, daß Sie ihm Vorhaltungen gemacht haben wegen seiner Verluste, und außerdem steht fest, daß die Besprechung stattgefunden hat.

Z. Dr. B.: Ich habe doch erklärt, warum. Dann kann man doch einen Kollegen und einen amtierenden Staatsminister als Abgeordneten fragen: Was ist da los gewesen? Und doch nicht in fragender Form Verdächtigungen in der Öffentlichkeit erheben. Das ist doch der Höhepunkt!

Hanauer: Herr Minister, das sind Schlußfolgerungen, die Sie daraus ziehen. Die müssen Sie mir überlassen.

. . .

Hanauer: Kennen Sie andere von den Spielbankbewerbern persönlich und näher, vor allem Herrn Freisehner?

Z. Dr. B.: Es sind sehr viele Spielbankbewerber bei mir gewesen, auch der Herr Freisehner wiederholt, auch der Herr Gembicki vorher, auch Spielbankbewerber für Reichenhall, wie sie bei Knoeringen waren, wie sie bei der FDP und bei anderen Parteien waren, so sind sie zu mir als Parteivorsitzenden und als Fraktionsvorsitzenden gekommen. Ich habe Ihnen hier ja schon erklärt, ich habe sie alle an die Städte und an den zuständigen Innenminister verwiesen.

Dr. Zdralek: Herr Staatsminister, ich darf aus Ihren Aussagen entnehmen, daß Sie in Ihrer Eigenschaft als stellv. Ministerpräsident mit dem Herrn Innenminister nie über die Konzessionsfrage gesprochen haben.

Z. Dr. B.: Nein

. . .

Dr. Zdralek: Noch eine Frage, die mit dem bisherigen Fragenkomplex nicht zusammenhängt: Was wissen Sie über ein Sparkassenbuch von 10 000,– DM?

Z. Dr. B.: Das habe ich gehört. Wie diese Sache eine Rolle gespielt hat, hat mir eines schönen Tages der Herr Innenminister gesagt, ihm sei ein Sparkassenbuch übergeben worden. Und damals waren Gerüchte, da waren irgendwie, ich weiß nicht, wahrscheinlich im »Spiegel« oder irgendwo, Gerüchte schon im Umlauf, daß irgendwie Geldgeschichten seien. Dann habe ich zu Geislhöringer gesagt: Keinen Pfennig Geld annehmen! Und seitdem weiß ich von der Sache nichts. Der Herr Kollege Geislhöringer muß als Finanzsachverständiger meiner Partei Bescheid wissen. Die laufenden Geschäfte als Landesvorsitzender kann ich zur Zeit gar nicht führen; ich habe die Herren Kollegen Lallinger und Lacherbauer gebeten, die laufenden Geschäfte zu führen, und sie werden da Bescheid geben können. Ich weiß nicht, was da ist. Ich weiß nur – dann ist doch ein Gerücht gegangen, der Herr Klotz hätte da irgend etwas zu tun und hätte Geld bekommen usw. Dann habe ich den Herrn Klotz kommen lassen, als Landesvorsitzender der Partei, habe ihn zur Rede gestellt und habe ihm gesagt: Hast Du irgendwie direkt oder indirekt im Zusammenhang mit den Spielbanken Geld bekommen, ich muß das wissen. Worauf der Herr Klotz mir sagt: Nein, nicht einen Pfennig! Und er hat mir erzählt, daß er zur Zeit mit der Parteigeschäftsführung Dinge zu erledigen hat wegen einer Schuldenabdeckung, weil er mit einer Firma ins Reine kommen will usw. Ich habe ihn auch gar nicht näher gefragt. Auch diese Befragung des Herrn Abgeordneten Klotz habe ich sofort dem Herrn Ministerpräsidenten mitgeteilt, weil ich mich verpflichtet gefühlt habe, jede wichtige Sache hier in diesem Zusammenhang dem Herrn Ministerpräsidenten mitzuteilen, damit nicht eine Regierungspartei mit Dingen belastet ist, die in der Öffentlichkeit unangenehm wirken können.

Dr. Zdralek: Herr Staatsminister, ich darf also dann die drei Fragen zu folgender Feststellung zusammenfassen: Sie haben als stellv[ertretender] Ministerpräsident nie wegen der Spielbankkonzession mit dem Herrn Staatsminister des Innern verhandelt?

Z. Dr. B.: Nein

Dr. Zdralek: 2. Sie sind vor dieser Besprechung mit Herrn Bärnkopf nie in dessen Privatwohnung gewesen?

Z. Dr. B.: Nein

Dr. Zdralek: 3. Sie haben als Landesvorsitzender der BP, solange wie die Spielbankgeschichte schwebte, nie davon Kenntnis bekommen, daß der BP irgendwie in unmittelbarem oder mittelbarem Zusammenhang mit der Konzessionierung von Spielbanken Geld gegeben werden soll?

Z. Dr. B.: Nein

...

Vorsitzender: Sind noch Fragen? – Ich darf feststellen, daß das nicht der Fall ist.

Ich glaube, daß wir uns einig sind, auch den Herrn Staatsminister zu vereidigen.

Der Zeuge Dr. Baumgartner wird vereidigt.

II.

Auszug aus dem Urteil der 2. Strafkammer des Landgerichts München I vom 8. August 1959 (Teilnehmer: Vorsitzender: Landgerichtsdirektor Dr. Wonhas; Beisitzende Richter: Landgerichtsrat Mößner und Gerichtsassessor Wolf; Schöffen: Inge Groene und Franz Walter; Staatsanwälte: Erster Staatsanwalt Dr. Göppner, Staatsanwalt Dr. Jörg; Urkundsbeamter: Justizassistent Bräu).

Urteil:

Es werden verurteilt:

F r e i s e h n e r Karl, geb. am 2. 6. 1903 in Gmünd/Österreich, verh.
Kaufmann, deutsch, wohnhaft in München,
Marschnerstr. 42, zur Zeit in Untersuchungshaft,
wegen zweier Verbrechen des Meineids und wegen eines Vergehens der
wissentlich falschen Versicherung an Eides Statt in Tateinheit mit einem
Vergehen der uneidlichen Falschaussage

zur Gesamtstrafe von 1 Jahr 10 Monaten Gefängnis,

auf welche die erlittene Untersuchungshaft in vollem Umfange angerechnet wird;

K l o t z Max, geb. am 3. 9. 1918 in Krün bei Mittenwald, verh. Wetterdiensttechniker, deutsch, wohnhaft in Mittenwald, Steinergasse 18, zur Zeit in Untersuchungshaft,
wegen zweier Verbrechen des Meineids und wegen eines Vergehens der
wissentlich falschen Versicherung an Eides Statt, rechtlich zusammentreffend mit einem Vergehen der uneidlichen Falschaussage

zur Gesamtstrafe von 2 Jahren 9 Monaten Zuchthaus,

auf welche die erlittene Untersuchungshaft in vollem Umfange angerechnet wird;

Dr. B a u m g a r t n e r Joseph, geb. am 16. 11. 1904 in Sulzemoos/
Obb., verh. Hochschulprofessor und Staatsminister a. D., deutsch, wohnhaft in München, Birkhahnweg 43,
wegen eines Verbrechens des Meineids

zur Zuchthausstrafe von 2 Jahren;

Dr. G e i s l h ö r i n g e r August, geb. am 22. 8. 1886 in München,
verh. Direktor i. R. und Staatsminister a. D., deutsch, wohnhaft in Augsburg, Kaiserstr. 37,
wegen eines Verbrechens des Meineids

zur Gefängnisstrafe von 1 Jahr 3 Monaten;

167

M i c h e l Franz, geb. am 27. 5. 1908 in Landsberg/Lech, verh. Kaufmann, deutsch, wohnhaft in Utting, Zur Ludwigshöhe 231, und in München, Pilotystr. 11/I, wegen eines Verbrechens des Meineids

zur Zuchthausstrafe von 2 Jahren.

Die bürgerlichen Ehrenrechte werden den Angeklagten Dr. Baumgartner, Klotz und Michel auf 5 Jahre, den Angeklagten Freisehner und Dr. Geislhöringer auf 3 Jahre aberkannt.
Die Angeklagten Dr. Baumgartner, Dr. Geislhöringer, Klotz und Michel sind für dauernd unfähig, als Zeugen oder Sachverständige eidlich vernommen zu werden.
Die Angeklagten haben die Kosten des Verfahrens zu tragen.

Gründe:

1. Der *Angeklagte Dr. Baumgartner* wurde am 5. 12. 1955 in der 7. Sitzung des UA vor diesem als Zeuge vernommen. Er wurde zunächst nach seinem schon in der Interpellationsbegründung erwähnten Interesse an dem Gewinn der Spielbank Bad Kissingen gehört. Dann folgte die Frage, ob er vor dem 10. 6. 1955 mit Dr. Geislhöringer über die Vergabe der Konzession gesprochen habe. Anschließend wurde er gefragt, welche Beziehungen er zum Zeugen Bärenkopf, einem Beteiligten an den Spielbanken in Bad Reichenhall und Bad Kissingen habe, ob sie freundschaftlicher oder geschäftlicher Art seien, ob er mit einem gewissen Herrn Jakob über Spielbankenangelegenheiten gesprochen habe, ob es richtig sei, daß er den Bayernpartei-Abgeordneten Saukel zusammen mit Freisehner im Jahre 1951 nach Lindau geschickt habe, um ein Spielbankunternehmen in seinem Ablauf zu studieren, und ob er Kenntnis über das Interesse des früheren Parteisekretärs der Bayernpartei, des Zeugen Rainer, an den Spielbanken und dessen Beziehungen zu Spielbankbewerbern besitze. Schließlich stellte der Abgeordnete Hanauer folgende Frage: »Kennen Sie andere von den Spielbankbewerbern persönlich und näher, vor allem Herrn Freisehner?« Dr. Baumgartner antwortete darauf: »Es sind sehr viele Spielbankbewer-

ber bei mir gewesen, auch der Herr Freisehner wiederholt, auch der Herr Gembicki vorher, auch Spielbankbewerber für Reichenhall, wie sie bei Knoeringen waren, wie sie bei der FDP und anderen Parteien waren, so sind sie zu mir als Parteivorsitzenden und als Fraktionsvorsitzenden gekommen. Ich habe Ihnen hier ja schon erklärt, ich habe sie alle an die Städte und an den zuständigen Innenminister verwiesen.«

Mit dieser Bekundung brachte der Angeklagte, der nach seiner Einlassung zu anderen Spielbankbewerbern keinerlei näheren Konnex hatte, zum Ausdruck, daß er auch Freisehner nur wie die anderen Spielbankbewerber, die zu ihm mit ihren Anliegen gekommen seien, kenne und daß er ihn, wie alle anderen auch, nur an die zuständigen Stellen weiterverwiesen habe. Die Antwort besagt, daß Freisehner keine andere Behandlung durch ihn erfahren habe, als die vielen anderen Spielbankbewerber und verneint zugleich ein Verhältnis zu Freisehner, das unter den Begriff einer näheren, persönlichen Bekanntschaft fiele.

2. Diese Aussage war objektiv falsch und Dr. Baumgartner wußte dies auch. Tatsächlich nahm Freisehner bei Dr. Baumgartner unter den Spielbankenbewerbern insofern eine Sonderstellung ein, weil er mit ihm seit Jahren persönlich näher bekannt war, wenngleich sich die Beziehungen seit Ende 1954, seit Dr. Baumgartner wieder das Amt eines Ministers bekleidete, merklich abgekühlt hatten. Dies wollte der Angeklagte verheimlichen, weil er befürchtete, das Bekanntwerden dieser Beziehungen und bestimmter Vorfälle, die sich daraus ergeben hatten, könnte seinem Ansehen schaden.

3. Die Richtigkeit des hier wiedergegebenen Wortlauts von Frage und Antwort ist auf Grund der Aussagen der Zeugen Hanauer, Hirsch, Dr. Zdralek und Kallenbach erwiesen. Daß sich Dr. Baumgartner und Freisehner persönlich und näher kannten, steht zur Überzeugung des Gerichts auf Grund folgender erwiesener Tatsachen und Umstände fest: Dr. Baumgartner und Freisehner lernten sich im Jahre 1946 oder 1947 zufällig kennen. Im Laufe der Zeit vertiefte sich die Bekanntschaft und es kam auch zu Kontakten zwischen den beiderseitigen Familien. Frau Baumgartner besuchte des öfteren Frau Freisehner und auch Dr. Baumgartner war wiederholt im Hause Freisehner zu Gast. Das Verhalten, das Baumgartner dabei an den Tag legte, war zumindest das eines guten Bekannten, nicht aber das eines förmlichen Besuches, selbst wenn man davon ausgeht, daß Dr. Baumgartner auch sonst ein sehr

legeres Verhalten liebte. Anläßlich eines solchen Besuches ging er z. B. mit Freisehner in die Küche und suchte mit diesem zusammen Speisen aus dem Kühlschrank heraus. Dr. Baumgartner erkundigte sich auch bei der Köchin Freisehners, ob es denn endlich Kaffee gebe. An einem heißen Sommerabend verlangte er eine Badehose mit den Worten: »Gebt's mir eine Badehose, sonst spring ich nackert ins Wasser«, womit das Schwimmbassin im Garten Freisehners gemeint war. Im Jahre 1950 folgte das Ehepaar Baumgartner der Einladung zur Hochzeit der Tochter Freisehners. Schließlich verbrachte das Ehepaar Baumgartner auch einen Silvesterabend im Hause Freisehners, obwohl es, wie Dr. Baumgartner in anderem Zusammenhang behauptete, von seiner ersten Ministerzeit her viele wichtige gesellschaftliche Verpflichtungen hatte. Weiterhin verbrachten die Familien Freisehner und Baumgartner gemeinsam mit der Familie des Zeugen Derse einen Tag auf Kosten Freisehners am Tegernsee. Frau Baumgartner bekam anläßlich ihrer Besuche des öfteren ungarische Salami aus dem Sortiment der Firma Cosmos zum Mitnachhausenehmen geschenkt. Freisehner brachte auch Geschenke für den Sohn Dr. Baumgartners. Frau Baumgartner erhielt einen Kleiderstoff und auch zu anderen Zeiten hatte Freisehner Geschenke, die über den Rahmen konventioneller Gefälligkeit hinausgingen, gemacht.

Diese Feststellungen beruhen auf den Einlassungen des Angeklagten Dr. Baumgartner und den Bekundungen der Zeugen Maria Freisehner, Lilly Baumgartner, Inge Wolf (Tochter von Freisehner), Therese Dobrovski (frühere Hausangestellte bei Freisehner), Partsch (Angestellter im Geschäft Freisehners) und Derse. Dr. Baumgartner gab diese Tatsachen im wesentlichen zu. Er räumte ein, daß ihm Freisehner kurz nach der Währungsreform einen Betrag von 500,— DM zur Begleichung einer Autoreparaturrechnung geliehen habe. Von September 1948 bis April 1949 war Dr. Baumgartner Gesellschafter der Firma »Cosmos« GmbH, deren Geschäftsführer und Mitgesellschafter Freisehner war. Für Dr. Baumgartner trat dabei als Treuhänder der Zeuge Rechtsanwalt Reisinger auf. Der Geschäftsanteil, der im Gesellschaftsvertrag mit 20 000,— DM beziffert ist, wurde ihm unentgeltlich überlassen. Dabei ist es für die Frage des persönlichen und näheren Kennens ohne Belang, daß diese Teilhaberschaft Dr. Baumgartners an der »Cosmos« für ihn finanziell keine Früchte trug, wie es auch dahingestellt bleiben konnte, ob Dr. Baumgartner den für die damalige Zeit nicht unerheblichen Betrag von 500,— DM später zurückzahlte, wie er behauptete, oder nicht, wie Freisehner sich einließ.

In einem Empfehlungsschreiben für Freisehner an den österreichischen Bundeskanzler a. D. Figl vom 9. 11. 1953 schrieb Dr. Baumgartner ». . . Herr Karl Freisehner ist ein guter Bekannter von mir. Ich bin mit seiner Familie seit mehreren Jahren befreundet . . .«. Noch am 15. 9. 1954 gehörte Freisehner zum Kreis der Personen, die Dr. Baumgartner mit einem »persönlich und vertraulich« bezeichneten Brief um Spenden für die Finanzierung seiner Kandidatur für den Bayerischen Landtag anging. Die Gesamtheit der geschilderten Umstände ergibt, daß die Beziehungen zwischen Freisehner und Dr. Baumgartner über den von letzterem vor dem Untersuchungsausschuß angegebenen Rahmen weit hinausgingen, einen nahezu freundschaftlichen Charakter hatten und ganz anderer Art waren, als die zu den übrigen Spielbankbewerbern. Daß Freisehner als Spielbankbewerber für Dr. Baumgartner nicht ein beliebiger unter den vielen anderen war, ergibt sich insbesondere auch noch aus folgenden Umständen: Freisehner hatte sich alsbald mit seinen Spielbankideen an Dr. Baumgartner gewandt und dessen politisches Interesse an der Errichtung von Spielbanken erst geweckt. Freisehner, Dr. Baumgartner und der Zeuge Geiger, CSU-Abgeordneter, besprachen auch jeweils, insbesondere in den Jahren 1950—1952, als sich in Bayern erstmals Regierung und Parlament mit der Frage der Errichtung von Spielbanken befaßten, die zu treffenden Maßnahmen. Sie bedienten sich dabei im schriftlichen Verkehr, wie der Brief Geigers an Freisehner vom 7. 7. 1952 und dessen Zeugenaussage beweist, besonderer Decknamen. Freisehner war »Wanninger«, Dr. Baumgartner »Buchbinder« und Geiger selbst »Buchdrucker«. In diesen Jahren setzte sich Dr. Baumgartner wiederholt im Rechts- und Verfassungsausschuß des Landtags, obwohl er nicht Mitglied dieses Ausschusses war und dort nur gelegentlich einen Fraktionskollegen vertrat, stark für die Zulassung von Spielbanken in Bayern ein. Dem ging noch folgendes Ereignis voraus: Freisehner hatte Dr. Baumgartner und Geiger Beteiligungen an den zu errichtenden Spielbanken in Bad Reichenhall und Bad Wiessee angeboten. Am 30. 4. 1951 vormittags erschienen Freisehner, seine Ehefrau und sein Schwiegersohn Dieter Wolf, sowie Dr. Baumgartner und Geiger beim Notar Dr. Bader in München, der schon im Zuge der vorbereitenden Maßnahmen Freisehners für die Errichtung von Spielbanken für diesen tätig gewesen war. Er entwarf nach Besprechung mit den Anwesenden privatschriftliche Verträge über Abtretungen von Kommanditanteilen. Da die durch die Abtretung begünstigten Dr. Baumgartner und Geiger nicht genannt sein wollten und sich vorbehielten, an ihrer Stelle als Abtretungsempfänger den Namen einer anderen Person einzusetzen, blieb der Raum für den Namen des Abtretungsempfängers frei. Die im Notariat gefertigten Schriftstücke bezüglich der Spielbank Bad Wiessee haben folgenden Wortlaut:

Vertrag

über Abtretung eines Kommanditanteils.

Zwischen

Frau Maria F r e i s e h n e r , Kaufmannsgattin in
München, Virchowstraße 6

und

wird folgender

V e r t r a g

abgeschlossen:

1.)

Frau F r e i s e h n e r hat anläßlich der Gründung der Firma:
Spielbank Bad Wiessee Hermann Heidtmann & Co. KG
eine Kommanditeinlage von 100 000,— DM übernommen.

2.)

Frau F r e i s e h n e r verkauft von ihrer Kommanditeinlage den Teilbetrag von   50 000,— DM

an

und tritt demgemäß diesen Teilbetrag an den Erwerber ab. Dieser nimmt die Abtretung an.
Frau Freisehner bestätigt gleichzeitig, den Gegenwert, gleich dem No-
minalbetrag, empfangen zu haben.

3.)

Frau Freisehner scheidet mit Abschluß dieses Vertrages aus der Kom-
manditgesellschaft aus.

172

Der erforderliche Antrag zum Handelsregister wird gleichzeitig gestellt.

4.)

Der neue Gesellschafter bekennt sich ausdrücklich zum Inhalte des ihm bekannten Gesellschaftsvertrages.

5.)

Herr Dieter Wolf hat nach § 8 des Gesellschaftsvertrages ein Vorkaufsrecht. Er erklärt hiermit ausdrücklich, daß er auf das ihm zustehende Vorkaufsrecht in diesem Falle Verzicht leistet.

München, den 30. April 1951

Dieses Schriftstück, sowie eine gleichlautende Erklärung, in der Frau Freisehner von ihrer Kommanditeinlage in der Firma »Spielbank Bad Reichenhall Hermann Heidtmann & Co. KG« in Höhe von 75 000,— DM je 37 500,— DM an Dr. Baumgartner und Geiger abtrat, wurden von ihr und Dieter Wolf unterschrieben. Unterzeichnete Originale wurden an Dr. Baumgartner und Geiger ausgehändigt. Dabei bestand Einigkeit darüber, daß entgegen dem Wortlaut in Ziff. II der Verträge die Abtretungen unentgeltlich erfolgen sollten. Um aus den Schriftstücken wirksame Verträge werden zu lassen, war nur noch erforderlich, daß Dr. Baumgartner und Geiger selbst oder ihre Strohmänner ihre Namen in die Schriftstücke einsetzten und diese unterschrieben. Ob es dazu gekommen ist, konnte nicht mit hinreichender Sicherheit geklärt werden. Ein Schreiben des Notars Bauer, der in Kanzleigemeinschaft mit Dr. Bader steht und diesen bei Abwesenheit vertritt, vom 30. 4. 1951 nachmittags spricht zwar in erheblichem Maße für eine Annahme des Angebots. Dieses an Freisehner gerichtete Schreiben hat folgenden Wortlaut:

> »Mein Zeichen: Bau/Gh.
> Betreff: Grundstückskauf Bogenhausen

> Sehr geehrter Herr Freisehner!

In der Grundstücksangelegenheit Bogenhausen beehre ich mich Ihnen mitzuteilen, daß die Angelegenheit nunmehr erledigt ist.

173

Herr Dr. Baumgartner und dessen Schwager haben die Urkunde unterzeichnet.

Mit vorzüglicher Hochachtung

Bauer

Notar Hans Bauer.«

Wie durch die Einlassungen der beiden Angeklagten und auch durch die Aussagen der Zeugen Dr. Bader und Bauer feststeht, gab es in den Notariaten der beiden Zeugen überhaupt keine Angelegenheiten, die in irgendeiner Weise mit einem »Grundstückskauf Bogenhausen« in bezug auf Freisehner oder Dr. Baumgartner zu tun hatten, so daß der Verdacht begründet ist, daß der in dem Schreiben gewählte Betreff eine Tarnbezeichnung war. Nachdem der Zeuge Bauer, der die Unterschrift auf dem Schriftstück als die seinige anerkannte und die Zeugin van Ghemon, die das Schreiben entweder auf Diktat oder im Auftrag von Bauer gefertigt hatte, sich nicht mehr erinnern konnten, auf welche Umstände und Tatsachen das Schreiben zurückzuführen ist, konnte eine hinreichende Klärung dieser Vorgänge nicht erreicht werden, zumal sich in den Notariaten der Zeugen Dr. Bader und Bauer nach deren Bekundungen und den aller dort zur fraglichen Zeit tätig gewesenen Angestellten und Beamten keinerlei Aktenstücke und Aufzeichnungen über diese Verträge im Jahre 1951 mehr befinden.

Widerlegt ist durch die gesamten Umstände die Einlassung des Angeklagten Dr. Baumgartner, er habe das Angebot Freisehners sogleich nach Verlassen des Notariats als unmoralisch abgelehnt. Der Zeuge Geiger konnte dies nicht bestätigen und Freisehner bestreitet es. Die Einlassung des Angeklagten Dr. Baumgartner ist zur Überzeugung des Gerichts unglaubwürdig; denn dieser wußte, welche Vereinbarungen beim Notar niedergelegt werden sollten. Um zu erkennen, daß die Annahme des Angebots »unmoralisch« wäre, hätte es nicht mehr des Ganges zum Notar bedurft. Hinzu kommt, daß er auch fernerhin regen Umgang mit Freisehner pflegte. Als im Juli 1952, für die damalige Legislaturperiode endgültig, die Errichtung von Spielbanken abgelehnt worden war, erschien er kurz darauf bei Freisehner, sprach ihm Mut und Hoffnung zu und versicherte ihm, daß er weiter für dieses Ziel kämpfen werde. Dies steht durch die glaubwürdige Aussage der Zeugin Maria Freisehner fest.

Unter Berücksichtigung der hier geschilderten Umstände und Tatsachen, die sämtliche durch Zeugen und Urkunden bewiesen sind, steht fest, daß die Aussage Dr. Baumgartners falsch war, und das Gericht ist überzeugt, daß er das auch wußte, als er die Aussage beschwor. Den Behauptungen Freisehners, daß er Dr. Baumgartner persönlich im Laufe der Jahre mindestens 30 000,— DM in bar habe zukommen lassen, konnte das Gericht keinen Glauben schenken. Dr. Baumgartner bestritt dieses Vorbringen und räumte lediglich ein, daß er von Freisehner Wahlspenden in kleineren Beträgen erhalten haben könnte. Bedenken gegen die Glaubwürdigkeit dieser Behauptungen Freisehners, für die keine Zeugen vorhanden sind, bestehen schon deshalb, weil drei von ihm zum Beweise vorgelegte Fotokopien von Quittungen über Beträge von 700,— DM, 1 000,— DM und 1 200,— DM mit der Unterschrift Dr. Baumgartners zumindest den starken Verdacht offenlassen, daß es sich um Fälschungen handelt. Das Gericht folgte hierbei den überzeugenden Bekundungen der Schriftsachverständigen Dr. Bitterling und Ruml. Nach deren Gutachten, die mit dem Vorbehalt abgegeben wurden, daß Untersuchungen an Fotokopien keine so sicheren Ergebnisse zuließen wie an Originalen, sind die Unterschriften auf den Quittungen sehr wahrscheinlich (Dr. Bitterling) bzw. fast mit Sicherheit (Ruml) gefälscht.

Dr. Baumgartner verteidigte sich damit, daß er die Frage des Zeugen Hanauer nur auf die Gegenwart bezogen habe, nicht aber auf eine weiter zurückliegende Zeit. Es ist zwar richtig, daß Hanauer seine Frage im Präsens gestellt hat; sie bezieht sich aber auf das Kennen, einen Zustand, der fortdauerte, auch wenn die bekanntschaftlichen Beziehungen zur Zeit der Vernehmung nicht mehr in dem früheren Umfange gepflegt wurden. Abgesehen davon war die Antwort Dr. Baumgartners ausdrücklich im Perfekt gehalten, so daß sie die ganze Vergangenheit mitumfaßte. Darüber war sich der Angeklagte, der nach seiner eigenen Einlassung bewußt Gegenwarts- und Vergangenheitsform in seinen Antworten auseinanderhielt, im klaren. Er gab auf die in ihrem Gegenstand beschränkte Frage eine umfassende, über den von der Frage gesteckten Rahmen hinausgreifende Antwort, um damit weitere Fragen in dieser Richtung abzuschneiden, so daß die Art und der Grad seiner tatsächlichen Beziehungen zu Freisehner seiner Absicht entsprechend im Dunkeln blieben. Der Angeklagte war zwar nach dem Inhalt der Frage nicht verpflichtet, die hier angeführten Einzeltaten anzugeben. Aber zur erheblichen Tatsache der näheren persönlichen Bekanntschaft mit Freisehner als solcher, die sich aus ihnen ergibt, mußte er sich vor dem UA auf die direkte Frage danach bekennen. Er wußte auch, daß der UA die Beziehungen von Spielbankbewerbern zu Politikern aufklären wollte; denn das war ja die ihm gestellte Aufgabe.

Dr. Baumgartner brachte weiter zu seiner Verteidigung vor, er habe sich durch die nachfolgend von Dr. Zdralek gestellte Frage nicht mehr veranlaßt gesehen, zur Frage Hanauers noch weitere Angaben zu machen; denn durch diese neue Frage sei die vorausgegangene geändert und überholt worden und habe damit ihre Erledigung gefunden. Diese Frage Dr. Zdraleks lautete:

»Herr Staatsminister, ich darf aus Ihren Aussagen entnehmen, daß Sie in Ihrer Eigenschaft als stellvertretender Ministerpräsident mit dem Herrn Innenminister nie über die Konzessionsfrage gesprochen haben.«

Diese Einlassung Dr. Baumgartners ist unglaubwürdig. Der Angeklagte hat auf die Frage Hanauers gewollt eine erschöpfende, dem Sinne nach eindeutig verneinende Antwort gegeben. Sie sollte und mußte vom Fragesteller so aufgefaßt werden und wurde es auch. Der Zeuge Hanauer sah, wie er glaubwürdig bekundete, auf Grund dieser Antwort von der Stellung weiterer Fragen in dieser Richtung ab. Hätte der Angeklagte zu der Frage weitere Bekundungen gemacht oder machen wollen, die die Beziehungen zu Freisehner den Tatsachen entsprechend dargestellt hätten, so hätten sie notwendigerweise im Widerspruch zu den hier zitierten Aussagen stehen müssen. Nachdem er seine Angaben sehr bestimmt gemacht hatte, besteht kein Raum für die Annahme, und ist es unglaubhaft, daß Dr. Baumgartner sie anschließend durch weitere Bekundungen in ihrem Inhalt berichtigen wollte, daß er aber durch die Frage von Dr. Zdralek daran gehindert oder zu der Meinung veranlaßt worden sei, dies sei nun nicht mehr erforderlich. Die Frage Dr. Zdraleks griff nicht auf die Frage Hanauers zurück, um dieser eine andere Wendung zu geben, sondern führte, an die Antwort auf Hanauers Frage anknüpfend, einen anderen Gesichtspunkt in die Vernehmung ein, nämlich den, ob Dr. Baumgartner auf die Konzessionsvergabe durch Dr. Geislhöringer Einfluß nehmen wollte oder genommen hat. Dies war so eindeutig, daß es nach der Überzeugung des Gerichts auch Dr. Baumgartner erkannt hatte.

Der Angeklagte brachte schließlich vor, er sei der Meinung gewesen, nur die Vorgänge und Verhältnisse aus der Zeit kurz vor der Konzessionsvergabe seien Gegenstand der Untersuchung des UA und somit auch der Frage Hanauers gewesen. In dieser Einlassung kann nur der nachträgliche Versuch einer Rechtfertigung seiner Falschaussage gesehen werden, der aber ohne Erfolg bleiben mußte. Hätte der Angeklagte nämlich die Frage in dem behaupteten Sinn verstanden und eine auf diesen begrenzten Aussagegegenstand abzielende Antwort geben wollen, dann hätte er nicht diese umfassende, für einen unbegrenzten Zeitraum geltende Antwort gegeben. Dr. Baumgartner ist rhetorisch so gewandt, wie die Hauptverhandlung eindeutig ergeben hat, daß er in jeder Lage durch Worte genau das auszudrücken vermag, was er sagen will. Hinzu kommt aber, daß der UA, dem keinerlei Material, mit Ausnahme der Akten des Innenministeriums, zur Verfügung stand, um überhaupt Ausgangspunkte für die Ermittlung der Vorgänge um die Konzessionierung und einer unerlaubten Einflußnahme der Spielbankbewerber zu finden, auch solche Vorgänge aus der Zeit von 1950 ab in seine Untersuchungen einbezog, die im Zusammenhang mit den Spielbankinteressenten von 1955 standen oder hätten stehen können. Dies war dem Angeklagten auf Grund der vorausgegangenen Zeugenvernehmungen bekannt, von denen er durch die Protokolle des UA wußte, insbesondere aber auch durch vorausgegangene Fragen an ihn selbst, die zum Gegenstand hatten, ob er im Jahre 1950 seinem Kollegen Saukel den Auftrag gegeben habe, zusammen mit Freisehner zur Lindauer Spielbank zu fahren. Vor allem aber ist der Einlassung des Angeklagten auch hier entgegenzuhalten, daß der Zustand des persönlichen und näheren Kennens von Freisehner noch im Zeitpunkt seiner Vernehmung fortgedauert hatte, selbst wenn die fast freundschaftlichen Beziehungen zu ihm seit Ende 1954 nicht mehr in dem früheren Umfange gepflegt worden waren.

4. Dem Angeklagten lag nach dem Eröffnungsbeschluß zur Last, auch an anderer Stelle seiner Vernehmung bewußt falsche Angaben gemacht zu haben, nämlich auf eine schon vorher gestellte Frage des Vorsitzenden des UA, des Zeugen Hirsch. Sie lautete:
»Nun steht in der Interpellationsbegründung wörtlich folgender Satz:
Ist sich denn der Herr stellvertretende Ministerpräsident, wenn die Behauptung des Herrn Gembicki richtig sein sollte, darüber im klaren, daß sein am Gewinn der Gesellschaft bekundetes Interesse zu der Überlegung zwingt, er gehöre zu dem Kreise derjenigen Personen, die hier ein Interesse vorzutragen haben?
So heißt es in der Interpellationsbegründung. Daher muß ich Sie fragen, ob Sie persönlich oder für Ihre Partei irgendein Interesse an den Gewinnen des Herrn Gembicki haben oder gehabt haben. Mit anderen Worten heißt das nichts anderes als, die Bayernpartei oder Minister Dr. Baumgartner ist an den Gewinnen beteiligt?«
Hierauf antwortete Dr. Baumgartner:
»Ich habe weder für mich persönlich noch für die Bayernpartei direkt

oder indirekt irgendein Interesse an Spielbanken, und ich habe weder für mich persönlich direkt oder indirekt noch für die Partei direkt oder indirekt auch nur einen Pfennig erhalten.«

Der Ausgangspunkt der Frage war das Interesse Dr. Baumgartners an dem Gewinn der bereits in Betrieb befindlichen Spielbank in Bad Kissingen. Auch hier ging die Antwort über den von der Frage gezogenen Rahmen hinaus. Dem Wortlaut nach verneinte Dr. Baumgartner mit dieser Antwort jegliches Interesse an Spielbanken und alle Zuwendungen für sich oder die Partei.

Der Angeklagte brachte zu seiner Verteidigung vor, daß er mit seiner Bekundung nur das Interesse an den Gewinnen der bestehenden Spielbanken und nur Zuwendungen an sich oder die Bayernpartei aus diesen Gewinnen der Wahrheit entsprechend habe verneinen wollen. Im Hinblick auf den Wortlaut und Sinn der gestellten Frage kann dem Angeklagten dieses Vorbringen nicht widerlegt werden. Die Frage war eindeutig nach einem eigenen Interesse oder einer Beteiligung des Angeklagten am Gewinn der Spielbank in Bad Kissingen gerichtet. Dieses Interesse und zugleich ein solches an den Gewinnen der anderen Spielbanken verneinte er. Sein politisches Interesse an der Errichtung von Spielbanken und ihrem Bestand war allgemein und auch dem UA bekannt und stand hier nicht in Frage. Daß er sich im Interesse des an der Spielbank Bad Kissingen beteiligten Zeugen Bärenkopf, wie dieser bekundete, bei Gembicki nach den Gewinnen erkundigt hatte, hatte er bereits auf eine vorausgegangene Frage angegeben.

Die Beweisaufnahme erbrachte keine Anhaltspunkte dafür, daß Dr. Baumgartner oder mit seinem Wissen die Bayernpartei an den Gewinnen einer Spielbank beteiligt war; sie hat auch nichts darüber ergeben, daß bis zum Zeitpunkt der Vernehmung Dr. Baumgartners dieser selbst oder mit seinem Wissen die Bayernpartei von den bestehenden Spielbanken Zuwendungen erhalten hatte. Daß er von den Geschäften zwischen Klotz und Freisehner über Zuwendungen an die Bayernpartei nichts wußte, konnte ihm nicht widerlegt werden. Bei den im Zusammenhang mit den Gewinnen der schon in Betrieb befindlichen Spielbank Bad Kissingen gestellten Fragen — im Gegensatz zur vorher behandelten Frage und Antwort — bestand für Dr. Baumgartner keine Verpflichtung auf die Vorgänge hinzuweisen, die in der Zeit vor der Konzessionserteilung lagen. Eine vorsätzlich oder auch nur fahrlässige Falschaussage kann sonach in diesem Teil seiner Bekundungen nicht gefunden werden.

Bei dieser Sachlage erübrigt sich ein Eingehen auf die Frage, ob Dr. Baumgartner die von Freisehner erhaltenen Zuwendungen, die sämtlich vor der Konzessionserteilung gegeben worden waren, als zum Zwecke der Förderung von dessen Spielbankinteressen gegeben, angesehen hat, wie Freisehner behauptete.

. . .

Bei der Strafzumessung fielen folgende Umstände entscheidend ins Gewicht:

Allen Angeklagten konnte zugute gehalten werden, daß sie in strafrechtlicher Hinsicht bis zur Tatzeit überhaupt nicht oder in nur unerheblicher Weise in Erscheinung getreten waren.

Für die Angeklagten Klotz, Dr. Baumgartner, Dr. Geislhöringer und Michel sprach weiterhin der Umstand, daß sie sich der Erfüllung öffentlicher Aufgaben als Abgeordnete, Dr. Baumgartner und Geislhöringer auch als Minister zur Verfügung gestellt hatten. Aus der Tatsache, daß dem Angeklagten Dr. Baumgartner das Große Bundesverdienstkreuz verliehen wurde, folgt, daß er sich hierbei besonders verdient machte. Diese Umstände fielen aber zugunsten von Klotz, Dr. Baumgartner und Michel nicht so weitgehend ins Gewicht, daß sie für sich die Zubilligung mildernder Umstände rechtfertigten. Denn die Beweisaufnahme hat hinlänglich ergeben, daß diese Angeklagten ihre hohen, angesehenen Ämter auch zur Verfolgung persönlicher materieller Interessen ausnützten bzw. auszunutzen versuchten. Wenn sie auch durch das Sichanbietenlassen oder die Entgegennahme von Zuwendungen keine strafbaren Tatbestände erfüllten, weil sie als Abgeordnete nicht Beamten gleichzusetzen sind, kann keine Rede davon sein, daß sie in untadeliger Weise den Verpflichtungen ihrer Stellungen bis zur Begehung der hier in Frage stehenden Straftaten nachgekommen waren. Nur wenn dies der Fall gewesen wäre, hätte sich aus der Führung der von ihnen bekleideten Positionen ein entscheidender Strafmilderungsgrund ergeben können.

Straferschwerend für alle Angeklagten war zu berücksichtigen, daß sie durch ihr gewissenloses Lügen bei der weitgehenden Beachtung, die dieser Untersuchungsausschuß in der Bevölkerung gefunden hatte, eine verfassungsmäßige Institution in aller Öffentlichkeit desavouiert und es verhindert haben, daß der UA zu einem richtigen Ergebnis gelangte. Der Umstand, daß die Meineide nicht vor Gericht, sondern vor einer anderen zur Abnahme von Eiden zuständigen Stelle geleistet wurden, stellt für sich gesehen keinen Strafmilderungsgrund dar. Für das Maß der Schuld der Angeklagten muß es auch ohne Bedeutung bleiben, wie der UA besetzt war, ob mit Parteifreunden oder Parteigegnern, und ob der UA von seinem Ermessen, die Angeklagten zu vereidigen oder nicht, in zweckmäßiger Weise Gebrauch gemacht hat. Eine Belehrung der Angeklagten gemäß § 55 StPO war erfolgt und die Bestimmung des § 60 Nr. 3 StPO stand einer Beeidigung der Angeklagten nicht entgegen. In diesem Zusammenhang ist aber zu erwähnen, daß es für den UA geboten war, von den zur Erforschung der Wahrheit gegebenen Mitteln, deren eines davon die Vereidigung eines Zeugen ist, Gebrauch zu machen, wenn er den ihm gestellten Untersuchungsauftrag erfüllen wollte. Es gibt keinen gesetzlichen Grund, von einer Vereidigung deshalb abzusehen, weil zu befürchten steht, der Zeuge werde einen Meineid leisten. Den Angeklagten Klotz, Dr. Baumgartner und Dr. Geislhöringer kann auch nicht strafmildernd angerechnet werden, daß die Interpellation und der Antrag auf Einsetzung dieses UA nach ihrer Auffassung den parteipolitischen Zweck verfolgte, die damalige Regierungskoalition zu sprengen; denn die Einsetzung des UA wurde einstimmig vom Landtag beschlossen und der UA war aus Mitgliedern aller Parteien zusammengesetzt. Die Angeklagten hatten genau erkannt, daß sie als Zeugen vor dem UA-Ausschuß standen und daß sie sich nicht in einer politischen Debatte befanden, sondern daß sie hier verpflichtet waren, die Wahrheit zu sagen. Es kann nicht anerkannt werden, daß ein Verbrechen schon deshalb eine mildere Beurteilung zu erfahren habe, weil es aus Gründen eines mißverstandenen Parteiinteresses begangen wurde. Aber ganz abgesehen davon standen für die Angeklagten, mit Ausnahme Dr. Geislhöringers, parteipolitische Ziele nicht im Vordergrund, sondern Gründe persönlicher Natur. Bei Freisehner, der kein politisches Amt und kein politisches Interesse hatte, ist das ohnehin klar. Er wollte nicht durch eine Aufdeckung seines Verhaltens seine in der Spielbank Bad Reichenhall erlangte Position und seine Ziele hinsichtlich der Spielbank Bad Wiessee gefährden. Die Angeklagten Klotz und Dr. Baumgartner befürchteten bei wahrheitsgemäßer Aussage eine Einbuße ihres Ansehens als Politiker; Dr. Baumgartner ging es auch darum, den Bestand der Viererkoalition zu sichern, um damit seine eigene Position zu erhalten, während bei Klotz hinzukommt, daß er die im Zusammenhang mit der Spielbankfrage erlangten und auch für ihn sehr erheblichen Zuwendungen verdecken wollte. Bei dem Angeklagten Dr. Geislhöringer ließ es seine hartnäckige Verbissenheit nicht zu, Dinge auszusagen, aus denen seine politischen Gegner möglicherweise hätten Kapital schlagen können. Es sei hier aber erwähnt, daß sich der anfänglich bestehende Verdacht, Dr. Geislhöringer habe auf Grund persönlicher Beziehungen zu Gembicki diesem die Konzession wissentlich zu Unrecht erteilt, nicht bestätigt hat. Es konnte nicht erwiesen werden, daß Geislhöringer im Zeitpunkt der Konzessionserteilung und seiner Vereidigung vor dem Untersuchungsausschuß solche Beziehungen unterhalten hat. Der Angeklagte Michel wollte verbergen, daß auch er in Beziehungen mit materiellem Hintergrund zu Spielbankbewerbern gestanden hatte.

Das Gericht hat nicht übersehen, daß sich die Angeklagten, mit Ausnahme von Dr. Geislhöringer, durch wahrheitsgemäße Angaben hätten bloßstellen mussen. Dies muß aber jeder nach den Bestimmungen der StPO vernommene Zeuge, ob Politiker oder nicht, in Kauf nehmen. Ebenso wurde nicht übersehen, daß die Angeklagten als Folge der Verurteilung hart getroffen werden. Die Angeklagten Dr. Baumgartner, Dr. Geislhöringer, Klotz und Michel waren auf Grund ihrer Ämter in besonderem Maße verpflichtet, den verfassungsmäßigen und rechtsstaatlichen Einrichtungen die gebührende Achtung entgegenzubringen. Daß sie trotz ihrer Stellungen nicht davor zurückschreckten, den UA mit einem Meineid zu bedienen, mußte entscheidend zu ihren Ungunsten bei der Strafzumessung ins Gewicht fallen. Sie haben durch ihr Verhalten das Vertrauen der Öffentlichkeit in ein sauberes Funktionieren des demokratischen Staates schwer gefährdet.

In Würdigung all dieser Gründe mußten den Angeklagten Klotz, Dr. Baumgartner und Michel für ihre vor dem UA geleisteten Meineide mildernde Umstände gemäß § 154 II StGB versagt werden. Mit Rücksicht auf die zu ihren Gunsten sprechenden Umstände waren hier jedoch Strafen an der unteren Grenze des Strafrahmens aus § 154 I StGB ausreichend.

...

Dem Angeklagten Freisehner konnten schon wegen seiner Selbstanzeige mildernde Umstände zugebilligt werden. Es haben sich keine Anhaltspunkte dafür ergeben, daß diese Selbstanzeige von dritter Stelle veranlaßt oder gefördert wurde, um damit irgendwelche Ziele zu verfolgen, die nicht in der Person des Freisehners selbst liegen. Das Gericht folgte dem Sachverständigen Dr. Ziehen und wurde in dieser Hinsicht durch die Aussagen glaubwürdiger Zeugen bestärkt, daß die Selbstanzeige einem inneren Antrieb entsprungen ist.

...

181

III.
Offener (bisher unveröffentlichter) Brief Dr. Baumgartners.

Baumgartner antwortet Seidel!

Dr. Joseph Baumgartner   Strafanstalt Stadelheim
                                         21. 9. 1959
                                         (Eingangsstempel):
                                         Dr. Ostler
                                         Eing. 25. September 1959

Offener Brief an den Herrn Ministerpräsidenten Dr. Seidel

Sehr geehrter Herr Ministerpräsident!

Nach Pressemeldungen vom 19. Sept. haben Sie sich der Öffentlichkeit
gegenüber damit verteidigt, daß Sie überraschenderweise behaupten,
der Spielbankprozeß sei kein politischer Prozeß gewesen. Es ist un-
möglich, daß Sie dies nach den zahlreichen Äußerungen aus der
breiten Öffentlichkeit und Ihrer eigenen Kenntnis des Sachverhaltes
selber glauben. Folgende Tatsachen beweisen den politischen Charakter
dieses Prozesses:

1. Die Gerichtsverhandlung selbst hat ergeben, daß führende Männer
   der CSU den Spielbankenprozeß inszeniert haben. Der Generalsekretär der CSU und frühere HJ-Führer Dr. Zimmermann mußte
   gestehen, daß er mit Freisehner vor dessen Selbstanzeige wiederholt darüber verhandelte und mit Ihnen, Herr Ministerpräsident,
   als Landesvorsitzender der CSU den Plan für dieses politische
   Intrigenspiel besprochen hat. Weiterhin ging aus der Gerichtsverhandlung hervor, daß der für solche Machenschaften besonders
   geeignete Dr. Josef Müller mit Freisehner wegen der Selbstanzeige
   und des bestgeeigneten Termines für dieselbe Verhandlungen führte.
   Ich vermag die Behauptung, wonach Dr. Josef Müller sogar beim
   vorherigen Verkauf der Spielbankanteile der Familie Freisehner
   an Prof. Leimer wirtschaftlich eingeschaltet war, gegenwärtig nicht
   zu überprüfen.

2. Der klarste Beweis für den politischen Hintergrund dieses Pro-

182

zesses ist der, daß Freisehner nach seiner angeblichen Beichte in Lugano mit seiner Selbstanzeige nicht zu der allein zuständigen Stelle der Staatsanwaltschaft ging, sondern diese, von ihm selbst zugegeben, wochenlang mit den führenden Männern der CSU abgesprochen hat. Welche Gegenleistungen, Herr Ministerpräsident, hat die CSU bei diesen Absprachen zugesichert und gegen welche materiellen Vorteile konnte Freisehner das von ihm eingegangene Risiko der Selbstanzeige auf sich nehmen?

3. Ein weiterer Beweis: Die CSU verlangte vom Justizministerium zu Beginn der Ermittlungen, daß nicht der zuständige Staatsanwalt, sondern der CSU-Abgeordnete Ludwig Huber als Staatsanwalt mit der Anklagevertretung betraut werden sollte. Diese vorzeitige Demaskierung des politischen Einflusses ging sogar dem Justizministerium zu weit. Stattdessen wurde dem 1. Staatsanwalt Dr. Göppner der frühere HJ- und Studienfreund des Generalsekretärs der CSU, Dr. Zimmermann, Staatsanwalt Dr. Jörg beigegeben.

4. Der Staatssekretär der Justiz, Josef Hartinger (CSU) schaltete sich laufend in die Ermittlungen ein. Das Ergebnis der Ermittlungen war, wie bekannt ist, Ihnen und Ihren engeren CSU-Freunden bei wiederholten Vorlagen zu unergiebig. Daraus ergibt sich klar, daß Sie unter allen Umständen einen politischen Schauprozeß gegen Baumgartner und seine Bayernpartei inszenieren wollten. Haben Sie sich, Herr Ministerpräsident, wirklich nicht eingemischt, wenn Sie kurz vor Ende des Prozesses von der Staatsanwaltschaft noch einen Bericht über die Verurteilungsaussichten anfertigen ließen?

5. Um in der Öffentlichkeit den Eindruck zu beseitigen, daß sich der Prozeß, wie von Ihnen geplant, nur gegen die BP richtete, hat Ihre Regierung nachträglich den ehemaligen CSU-Abg. Franz Michel unter Anklage gesetzt. In der Selbstanzeige Freisehners war Michel überhaupt nicht erwähnt und vor etwa einem Jahr erklärte der Vertreter des Justizministeriums im Bayer. Landtag, daß keine Veranlassung bestehe, in Sachen Spielbanken gegen Michel gerichtlich vorzugehen.

6. Weder die Staatsanwaltschaft noch das Gericht konnten im Prozeß den Nachweis erbringen, daß ich auf die Konzessionierung Einfluß genommen und in diesem Zusammenhang für mich oder die BP Geldzuwendungen erhalten habe. Dagegen haben sich führende Männer der CSU in die Konzessionsverhandlungen eingemischt und sowohl Sie, Herr Ministerpräsident, als auch Ihr Minister

Dr. Hundhammer haben aus Mitteln einer bayerischen Spielbank u.a. je DM 5000,— erhalten. Dankbarkeit scheint nicht Ihre Stärke zu sein, denn der Spender wurde von Ihrer Regierung 2 Jahre, nachdem Sie beide dieses Geld in Empfang genommen hatten, nunmehr vor wenigen Wochen verhaftet.

7. Aus einer Reihe von gleichlautenden Berichten und Kommentaren bezeichnete eine namhafte Wochenzeitschrift den Prozeß als eine „Justizkatastrophe" und eine bekannte bayer. Tageszeitung schrieb: „Das Urteil ist zu schelten". Die größte Tageszeitung Süddeutschlands gab in einem Kommentar ebenfalls eine eindeutige Beurteilung des Prozesses ab, wenn sie schrieb: „... über die politischen Hintergründe haben wir vorerst noch taktvoll geschwiegen". Daraus ergibt sich zwingend, daß es sich nicht um einen Spielbankenskandal, sondern über einen politischen Spandal hinaus auch um einen Justizskandal gehandelt hat.

In dem ganzen Prozeß stand nicht ein Pfennig an Steuergeldern zur Debatte. Die Spielbanken — jeder kann zu ihnen stehen wie er will — erbrachten für den bayerischen Staat eine Reineinnahme von über 20 Millionen DM zugunsten des Wohnungsbaues. Sie dagegen haben als bayerischer Wirtschaftsminister mehr als 22 Millionen DM an Steuergeldern für Filmbürgschaften vergeudet. Auf welcher Seite liegt hier der Skandal?

Sie und Ihre engeren Mitarbeiter waren es, die mit dem für die CSU nicht anrüchigen Freisehner den Skandal geschaffen haben!

8. Wenn es sich nicht um einen politischen Prozeß handelt, warum verfolgt die von Ihnen weisungsgebundene Staatsanwaltschaft nicht den Minister Dr. Hundhammer und den Abg. Dr. Hanauer wegen ihrer Beihilfe zu einem angeblichen Meineid, die gerichtlich festgestellt ist? Warum wird der Generalsekretär der CSU, Dr. Zimmermann, nicht unter Meineidsklage gestellt, nachdem seine beeidigte Aussage vor Gericht in krassem Widerspruch zur Aussage Gembickis vor dem Staatsanwalt steht?

9. Ihre Behauptung, der Spielbankenprozeß sei nicht politisch, wird selbst von der kompetentesten Stelle, dem Oberlandesgericht München, widerlegt. Dieses Gericht wies die Haftbeschwerde von Michel und Baumgartner mit der Begründung ab, daß beide im Falle einer Flucht vom Ausland nicht ausgeliefert würden, weil das Ausland diesen Prozeß als politischen Prozeß betrachten könnte. Auch Sie befürchten das offensichtlich; denn sonst wäre

unsere Haft unbegründet, da jedes Land der Erde einen strafrechtlich Verurteilten ausliefern würde.

10. Der CSU-Abg. Dr. Hanauer hat der DPA gegenüber erklärt, daß
der Spielbankprozeß eine Auseinandersetzung zwischen der CSU
und der Bayernpartei ist. Ist das kein Beweis?

Haben Sie, sehr geehrter Herr Ministerpräsident, nach diesem
erdrückenden Beweismaterial weiterhin noch den Mut, der Öffentlichkeit weiszumachen, der Spielbankprozeß sei kein politischer
Prozeß gewesen? Ich bin in der Lage, noch weitere Beweise zu
liefern.

Die sehr beachtliche Anteilnahme der Bevölkerung in Bayern an
dem „Justizskandal" um die Spielbanksache bestärkt mich in der
Überzeugung, daß das von Ihnen und Ihren bekannten Helfers-
helfern verfolgte Ziel, die Vernichtung der BP, nicht erreicht
wurde. Ich bin ebenfalls überzeugt, daß weiten Kreisen der Bevölkerung durch diese unerhörten Praktiken des politischen Ver-
nichtungskampfes die Augen aufgegangen sind vor der Gefahr der
Alleinherrschaft der Führungsclique einer herrschenden Partei.

Wie Sie, Herr Ministerpräsident Dr. Seidel, mit Ihrem Anhang
die ungeheuerlichen politischen Machenschaften als angeblich christ-
licher Staatsmann vor Ihrem Gewissen und vor der Bevölkerung
Bayerns verantworten können, muß ich Ihnen überlassen.

Möge uns, Ihren Opfern, und unseren leidgeprüften Familien der
Herrgott die Kraft geben, Ihren Vernichtungshaß zu überstehen.

gez. Dr. Baumgartner
Staatsminister a.D.

Herrn R.A. Dr. Fritz Ostler
mit der Bitte um gef. Kenntnisnahme
und geeignete Veröffentlichung.

22. IX. 59

Mit frdl. Grüßen
Ihr
gez. Dr. Baumgartner

IV.

Auszug aus dem Revisionsurteil des Bundesgerichtshofes vom 19. Februar 1960 (Teilnehmer: Senatspräsident Dr. Geier als Vorsitzender;
die Bundesrichter Dr. Peetz, Werner, Dr. Hübner und Dr. Faller als
beisitzende Richter; Bundesanwalt Dr. Kohlhaas als Vertreter der Bun-
desanwaltschaft; Justizangestellter Wiedmann als Urkundsbeamter)

. . .

I. Auf die Revision des Angeklagten Klotz wird das Urteil des Landgerichts München I vom 8. August 1959, soweit er wegen Meineids vor dem Untersuchungsausschuß verurteilt ist, im Strafausspruch und im Gesamtstrafausspruch je mit den Feststellungen aufgehoben.

II. Auf die Revisionen der Angeklagten Dr. Baumgartner, Dr. Geislhöringer und Michel wird das Urteil je im Strafausspruch mit den Feststellungen aufgehoben.

III. Im Umfange der Aufhebung wird die Sache zur neuen Verhandlung und Entscheidung, auch über die Kosten der Rechtsmittel, an das Landgericht zurückverwiesen.

IV. Im übrigen werden die Revisionen verworfen.

. . .

E. *Die Sachbeschwerden zum Strafausspruch*

. . . Sinn, Zweck . . . und innerer Rechtfertigungsgrund des § 60 Nr. 3 StPO verlangen deshalb, daß ein vom Untersuchungsausschuß vernommener Zeuge unvereidigt bleiben muß, wenn der — auch nur entfernte — Verdacht besteht, er könne an einer strafbaren Handlung beteiligt sein, deren Aufklärung mit zur Aufgabe des Ausschusses gerechnet werden muß.

. . .

Aus der geforderten sinngemäßen Anwendung des § 60 Nr. 3 StPO ergab sich für den Untersuchungsausschuß die Pflicht, von der Beeidigung von Zeugen dann abzusehen, wenn er den Verdacht für gegeben erachtete, daß sie sich eines Verhaltens schuldig gemacht hätten, das die Erhebung einer Abgeordneten- oder Ministeranklage rechtfertigen könnte.

Das Landgericht hat diese Grundsätze nicht beachtet. Es hat deshalb keine Feststellung zu der Frage getroffen, ob die Beschwerdeführer darauf hingewiesen wurden, daß sie die Beantwortung solcher Fragen ablehnen könnten, deren wahrheitsgemäße Beantwortung sie der Gefahr einer Abgeordneten- oder Ministeranklage aussetze. Es hat auch keine Feststellungen dazu getroffen, ob der Untersuchungsausschuß den § 60 Nr. 3 StPO so gehandhabt hat, wie er es nach den vorstehenden Ausführungen hätte tun müssen. Es bleibt deshalb die Möglichkeit offen, daß er fehlerhaft verfahren ist. Die — nach den bisherigen Feststellungen offen gebliebene — fehlerfreie Handhabung der §§ 55, 60 Nr. 3 StPO ist ein Umstand, den der Tatrichter bei der Strafzumessung beachten muß. Es entspricht einem Gebot der Gerechtigkeit, Fehler des Vernehmenden bei der Handhabung der §§ 55, 60 Nr. 3 StPO als strafmildernden Umstand zu berücksichtigen. Mindestens muß sich der Tatrichter, wenn solche Fehler vorgekommen oder nicht auszuschließen sind, damit bei der Strafzumessung auseinandersetzen. Das ist nicht geschehen. Das Landgericht hat den — nach den vorstehenden Ausführungen mindestens möglichen — Fehler des Untersuchungsausschusses nicht einmal erkannt. Deshalb muß das Urteil wegen des von den Angeklagten vor dem Untersuchungsausschuß geleisteten Meineides im Strafausspruch, bei Klotz auch im Gesamtstrafausspruch aufgehoben werden.

II. *Die Revision des Angeklagten Dr. Baumgartner*

Sie übersieht, daß Zuchthaus die Regelstrafe ist. Ob die Behauptung des Beschwerdeführers, daß nur in 7,1 % der Meineidsfälle auf Zuchthaus erkannt werde, richtig ist, kann dahinstehen. Bei der Prüfung der Frage, ob die Strafe dem Regelstrafrahmen entnommen werden sollte oder bei Annahme mildernder Umstände von dem milderen Strafrahmen auszugehen war, bot das statistische Verhältnis von Zuchthaus- und Gefängnisstrafen dem Landgericht keine Hilfe. Es konnte diese Entscheidung nur von den besonderen Umständen des vorliegenden Falles abhängig machen. Dabei sind, wie das Landgericht an sich richtig erkannt hat, alle Tatsachen, die für die Wertung der Tat und des Täters in Betracht kommen, heranzuziehen und zu würdigen, BGHSt 4, 8 f. Das hat das Landgericht getan, allerdings dabei verkannt, daß sich aus der Verpflichtung zur entsprechenden Anwendung der §§ 55, 60 Nr. 3 StPO für den Untersuchungsausschuß besondere Pflichten ergaben. Da nach ständiger Rechtsprechung die ordnungsgemäße Handhabung der §§ 55, 60 Nr. 3 StPO einen wichtigen Strafzumessungsgrund bildet, wird das Landgericht dazu ergänzende Feststellungen treffen müssen und je nach dem Ausfall der Prüfung auch die Frage, ob unter Berücksichtigung aller Umstände des Falles mildernde Umstände zu bejahen oder zu verneinen seien, von neuem entscheiden müssen.

Im einzelnen ist auf die Angriffe gegen die von der Strafkammer angenommenen Strafschärfungsgründe folgendes zu sagen:

a) Daß der Angeklagte als Minister und stellvertretender Ministerpräsident durch sein gewissenloses Lügen eine verfassungsmäßige Einrichtung »desavouiert« hat, ist ein sehr beachtlicher Straferhöhungsgrund, wie schon zur ähnlichen Rüge des Angeklagten Klotz näher dargelegt ist.

b) Das Urteil hält, ohne daß insoweit ein Rechtsirrtum erkennbar ist, für erwiesen, daß der Angeklagte in erster Linie persönliche und daneben auch politische Ziele mit seinem Meineid verfolgt hat.

...

V.

Brief des bayer. Justizministers Dr. A. Haas an Dr. Baumgartner vom 2. Mai 1962, Dr. Wonhas betreffend.

Sehr geehrter Herr Abgeordneter!

Zu Ihrem Schreiben vom 10. 4. 1962 teile ich Ihnen mit, daß auf eine Zuschrift des Herrn Staatsministers a. D. Dr. Geislhöringer vom 6. 3. 1960 hin die Tätigkeit des Landgerichtsdirektors Dr. Wonhas als früherer Heeresrichter überprüft wurde. Nach der von ihm eingeholten dienstlichen Äußerung ist es richtig, daß unter seinem Vorsitz beim Gericht der Stadtkommandantur in Kiew einige Todesurteile gefällt wurden. Die sämtlichen Urteile sollen jedoch ausschließlich Fälle von Fahnenflucht deutscher Soldaten betroffen haben. Da weder vom Herrn Staatsminister a. D. Dr. Geislhöringer noch von Ihnen irgendwelche konkreten, Dr. Wonhas belastenden Tatsachen vorgebracht wurden und auch sonst bisher keine Umstände bekannt wurden, durch die der Richter in seiner Eigenschft als früherer Heeresrichter belastet wird, besteht kein Anlaß, an der Richtigkeit seiner dienstlichen Äußerung zu zweifeln.

Ich darf Sie daher dringend ersuchen, es in Zukunft zu unterlassen, den nicht konkretisierten, beleidigenden Vorwurf »früherer Nazirichter« in Richtung gegen Landgerichtsdirektor Dr. Wonhas und Oberstaatsanwalt Dr. Göppner zu gebrauchen. Im Wiederholungsfalle müßte ich die genannten Herren davon in Kenntnis setzen und ihnen sowie ihren Dienstvorgesetzten die Stellung eines Strafantrages anheimgeben.

Soweit Sie sich in Ihrem Schreiben über eine angebliche »Denunziation« wegen Ihres im September 1961 in Bibione verbrachten Urlaubs beschweren, wollen Sie sich offensichtlich gegen den Ihrem Verteidiger Rechtsanwalt Dr. Ostler erteilten Bescheid des Oberstaatsanwalts München I wenden. Ich habe daher veranlaßt, daß dem Herrn Generalstaatsanwalt in München eine auszugsweise Ablichtung Ihrer Eingabe zum Zwecke der Überprüfung zugeleitet wird.

Hochachtungsvoll
gez.: Dr. A. Haas
(Dr. A. H a a s)

Anmerkungen

1 Schaezler oder Schätzler, Joh. Lorenz, kgl. bayer. Finanzrat und Bankier wurde am 25. Nov. 1821 von Max I. in den Freiherrnstand »seiner Vorfahren wieder eingesetzt«.

2 Heim Georg, geb. 24. 4. 1865 in Aschaffenburg, bayer. Politiker; 1905 als Reallehrer pensioniert; seit 1898 Direktor der Zentralgenossenschaft bayer. Bauernvereine in Regensburg; 1910 Präsident des bayer. Bauernvereins; Landtags- und Reichstagsabgeordneter.

3 Vollmar, Georg Heinrich von, geb. 1850 in München, gest. 29. 6. 1922 in Soiensaß am Walchensee; 1866 bayer. Offizier, 1867/68 Freiwilliger im päpstlichen Heere des Kirchenstaates als »Korporalfunktionär«, »Leutnant des Hl. Petrus«; 1869 Beamter der Generaldirektion der bayer. Verkehrsanstalten; 1870/71 schwer verwundet und wegen Invalidität pensioniert; seit 1876 in der Sozialdemokratischen Partei; 1877 Redakteur der Dresdner Volkszeitung; studiert 1879 in Paris und Zürich; 1881/87 und seit 1890 Mitglied des Reichstags, 1883/89 des sächsischen, seit 1890 des bayerischen Landtags; Führer der bayerischen Sozialdemokraten, Revisionist; sprach zu Bebel die geflügelten Worte: »Herr Bebel, es kann nicht jeder Sozialdemokrat ein Preuße sein!« Er schrieb u. a.: »Der isolierte sozialistische Staat«.

4 Preysing, Konrad Graf von P.-Lichtenegg-Moos, Politiker, geb. 16. 3. 1843 zu Zeil (Württemberg), gest. 6. 6. 1906 zu München; 1871/93 und 1900 Mitglied des Reichstags; Mitbegründer der deutschen und bayer. Zentrumspartei; erbliches Mitglied des bayer. Reichsrats.

5 Hertling, Georg Graf von, kath. Philosoph und Politiker, geb. 1843 in Darmstadt, gest. 1919; seit 1875 Mitglied des Reichstags als Abgeordneter des Zentrums; Mitbegründer und Präsident der Görresgesellschaft; 1912–1917 bayer. Ministerpräsident, Nov. 1917 bis Okt. 1918 Reichskanzler und preuß. Ministerpräsident; seit 1882 Philosophieprofessor in München, führte die scholastische Metaphysik weiter, besonders in Rechts- und Staatsphilosophie, leistete wertvolle Beiträge zur Geschichte der Philosophie und aktivierte den Katholizismus für Wissenschaft und Kunst.

6 Held, Heinrich, bayer. Politiker, geb. 6. Juni 1868 zu Erbach, Kreis Limburg/Lahn, gest. 1938; studierte Rechts- und Staatswissenschaft; 1897 Journalist, seit 1899 Chefredakteur; 1906 zugleich Verleger des Regensburger Morgenblattes; seit 1907 im bayer. Landtag; Januar 1914 erster Vorsitzender der Zentrumsfraktion bzw. der Bayer. Volkspartei; verdient um die bayerische Kanal- und Donauschiffahrt. Gründer (1916) und Herausgeber der Zeitschrift »Freie Donau«; 1924—1933 bayer. Ministerpräsident, ab 1927 auch Handelsminister; bis 1933 die führende Persönlichkeit der Bayer. Volkspartei und der bayer. Politik.

7 Ludendorff, Erich, General, geb. 9. April 1865, gest. 1937; 1882 Leutnant im Inf. Regt. 57; 1906 Lehrer an der Kriegsakademie; 1908 Chef des Großen Generalstabs. Bei Kriegsausbruch Oberquartiermeister der 2. Armee; 21. August 1914 unter Hindenburg an den Siegen bei Tannenberg und anderen maßgeblich beteiligt; zusammen mit Hindenburg Ende August 1916 an die Spitze des Heeres berufen; setzte 1917 den uneingeschränkten U-Boot-Krieg durch, erzwang die Entlassung Bethmann-Hollwegs und wirkte auch auf die Friedensverhandlungen mit den Bolschewisten in Brest-Litowsk stark ein. Ende Okt. 1918 verlangte er die Kapitulation. Schrieb nach dem Krieg seine Memoiren (»Meine Kriegserinnerungen«, 1919; »Der totale Krieg«, 1935); schloß sich am 9. Nov. 1923 Hitler an, begründete dann aber eine eigene politisch-weltanschauliche Organisation, den Tannenbergbund.

8 Prinz Max von Baden, Reichskanzler, geb. 1867, gest. 1929; Dez. 1914 zum General befördert; während des Krieges verdienstvoll an der Gefangenenfürsorge beteiligt. Empfohlen durch versöhnlich gestimmte Reden in der 1. bad. Kammer, deren Präsident er seit 1907 war, wurde er beim Umschwung am 3. Okt. 1918 Reichskanzler, leitete zum Parlamentarismus über, bot Waffenstillstand und Frieden an, suchte die innen- und außenpolit. Krisis zu entlasten, indem er zur Abdankung des Kaisers drängte und sie vorwegnehmend am 9. Nov. verkündete; übergab am gleichen Tag die Regierung an Ebert.

9 Soden-Frauenhofen, Josef Maria Graf von, geb. 1815 in Neufrauenhofen; Offizier und bayer. Diplomat; dann Flügeladjutant S. K. H. des Kronprinzen Rupprecht von Bayern und bis 1833 dessen Kabinettschef.

10 Kahr, Gustav, Ritter von, bayer. Politiker, geb. 29. Nov. 1862 zu

Weißenburg (Bayern), gest. 1934; seit 1890 im Staatsdienst, 1895 ins Ministerium des Innern berufen; 1917 Regierungspräsident von Oberbayern; 1920 bis 1921 bayer. Ministerpräsident; 1923 General-staatskommissar; beim Hitlerputsch am 8. Nov. 1923 vorüber-gehend verhaftet; 1924/30 Vorsitzender des bayer. Verwaltungs-gerichtshofs; anläßlich des Röhmputsches erschossen.

11 Müller, Joseph, Dr. (CSU), geb. 27. März 1898 in Steinwiesen; juristisches und volkswirtschaftliches Studium in München; seit 1927 Rechtsanwalt; 9. Febr. 1934 wegen hochverräterischen Komplotts verhaftet; 1939 Beauftragter des Generalobersten Beck (OKW Aus-land-Abwehr); gehörte zur Militäropposition (um Admiral Cana-ris) und war Bevollmächtigter für Friedensverhandlungen mit der engl. Regierung durch Vermittlung des Vatikans; 5. April 1943 verhaftet; Hochverratsverfahren, 26. Sept. 1944 bis 7. Febr. 1945 Kellergefängnis der Gestapo Berlin; 7. Febr. bis 2. Apr. 1945 KZ Buchenwald, dann KZ Flossenbürg und KZ Dachau; im Mai 1945 befreit; Mitbegründer und seit 1946 Landesvorsitzender der CSU; 1947/52 bayer. Justizminister und bis 1950 stellv. Ministerpräsident.

12 Daller, Balthasar von, Theologe, bayer. Minister; geb. 22. Jan. 1835, gest. 3. März 1911 zu Gasteig in Oberbayern; 1860 Priester; seit 1886 Rektor in Freising; seit 1871 Mitgl. der bayer. Abgeord-netenkammer; 1887 Führer der bayer. Patriotenpartei.

13 Jörg, Joseph Edmund, Historiker, Publizist und Politiker; geb. 23. Dez. 1819 zu Immenstadt, gest. 18. Nov. 1901; seit 1866 Kreis-archivar auf der Trausnitz in Landshut; 1853 bis 1901 Hrsg. der Hist.-polit. Blätter; 1865/81 Mitgl. des bayer. Landtags, 1874/79 des Reichstags; Führer der Bayer. Patriotenpartei, trat er 1970/71 vergeblich für bewaffnete Neutralität Bayerns und gegen die Ver-sailler Verträge ein.

14 Pichler, Franz Seraph von, geb. 4. Okt. 1852, bayer. Politiker; 1883 Domvikar, 1899 Domkapitular zu Passau; seit 1893 Mitgl. des bayer. Landtags und des Reichstags; 1912 Päpstl. Hausprälat.

15 Orterer, Georg von, bayer. Zentrumsführer; geb. 30. Okt. 1849 zu Wörth (Oberbayern), gest. 5. Okt. 1916; seit 1876 Gymnasiallehrer in Schweinfurt, München und Freising; 1892 Gymnasialrektor in Eichstätt; 1902 in München Oberstudienrat und Mitgl. des Ober-sten Schulrats; 1901 geadelt; 1884/92 im Reichstag, seit 1883 im bayer. Landtag, dessen Präs. seit 1899; Präs. der Katholikentage zu Köln 1894 und 1903.

16 Lutz, Johann, Frh. von, bayer. Staatsmann; geb. 4. Dez. 1826 zu Münnerstadt, gest. 3. Sept. 1890 zu Pöcking a. Starnberger See; seit 1852 im Justizdienst; 1863 kgl. Kabinetts-Sekr., 1866 Kabinetts-chef; Justizminister 1867/71; führte Verhandlungen über den Eintritt Bayerns ins Deutsche Reich und unterzeichnete den Vertrag von Versailles (23. Nov. 1870); seit 1869 zugleich Kultusminister; er verweigerte dem Unfehlbarkeitsdogma das Placet, beschuldigte die Bischöfe, die es ohne Placet verkündeten, der Verletzung der Staatsgesetze (Kanzelparagraph oder Lex Lutziana 1871); seine Stellung als Ministerpräsident (seit 1880) und Kultusminister behielt er auch nach der Absetzung Ludwigs II. unter Prinzregent Luitpold; 31. Mai 1890 nahm er todkrank seine Entlassung.

17 Casselmann, Leopold von, liberaler Landtagsabgeordneter.

18 Schädler, Franz Xaver, Politiker und Domdekan, gest. 16. Febr. 1913 zu Bamberg; Landtags- und Reichstagsabgeordneter des Zentrums.

19 Weber, Adolf, Nationalökonom, geb. 1876; Prof. in Köln, Breslau, Frankfurt und seit 1921 in München; bedeutender Vertreter der neoklass. Volkswirtschaftslehre; Gründer des Osteuropa-Instituts in Breslau.

20 Brentano, Lujo von, geb. 1844 zu Aschaffenburg, gest. 1931; Univ.-Professor in München, lehrte Nationalökonomie, Finanzwissenschaft, Wirtschaftsgeschichte; Vorkämpfer für Arbeiterrechte und Gewerkschaftsbewegung; führend in der Freihandelsbewegung.

21 Zwiedineck-Südenhorst, Otto von; geb. 1871 zu Graz, gest. 1957; Univ.-Professor in München, lehrte Nationalökonomie, Finanzwissenschaft, Statistik, Versicherungswissenschaft.

22 Damaschke, Adolf Wilh. Ferd., geb. 24. Nov. 1865 zu Berlin, gest. 1935; bis 1896 Volksschullehrer, seit 1897 1. Vors. des Bundes der deutschen Bodenreformer.

23 Schlittenbauer, Sebastian, Dr.; Präsident des Christlichen Bauernvereins; Mitgl. des Reichstags und Landtags.

24 Hundhammer, Alois, Dr. Dr. (CSU), geb. 25. Febr. 1900 als Sohn eines Bauern in Moos bei Forstinning (Oberbayern); Studium der Philosophie, Geschichte und Rechtswissenschaften; 1927/33 stellv. Generalsekretär des Bayer. Christlichen Bauernvereins und Mitgl. der Landtagsfraktion der BVP; 1933 im KZ Dachau; nach Entlassung Inhaber eines Schuhreparaturbetriebes und eines Schuhgeschäf-

tes; 1945 Mitbegründer der CSU; 1946/50 Staatsminister für Unterricht und Kultus; 1951/54 Präs. des Bayer. Landtags.

25 Fischbacher, Jakob, Dr., (BP), geb. 28. Mai 1886, gest. 1971; philosophisches, theologisches, historisches, rechst- und staatswissenschaftliches Studium; 1913 Eintritt in den Christl. Bauernverein, 1921/34 dort als Direktor; durch Ministerpräs. Dr. Hoegner in das Vorparlament berufen; seit 1950 Mitgl. des Bayer. Landtags.

26 Horlacher, Michael, Präsident des Bayer. Bauernverbandes; Präsident der Bayer. Verfassunggebenden Landesversammlung (Juli bis Nov. 1946); Landtagspäsident.

27 Wohlmuth, Georg, Dr., Theologe; Prälat aus Eichstätt; Mitgl. der BVP, seit 1924 Fraktionsvorsitzender.

28 Schäffer, Fritz, (CSU), geb. 1888; 1944/45 im KZ Dachau; Mai bis Sept. 1945 bayer. Ministerpräsident; seit 1949 Bundestagsabgeordneter; 1949/57 Bundesfinanz-, danach Justizminister.

29 Rattenhuber, Gutsbesitzer aus Englschalking b. München; 1945 Staatsrat und Leiter des Amtes für Ernährung und Landwirtschaft im Kabinett Fritz Schäffer.

30 Scharnagl, Karl, geb. 1881; 1925/33 Oberbürgermeister von München; führendes Mitgl. der Bayer. Volkspartei; 1944/45 im KZ Dachau, 1946/48 wieder Oberbürgermeister; sein Bruder Anton war Weihbischof in München.

31 Stegerwald, Adam, geb. 1874 zu Greußenheim in Unterfranken, gest. 1945; zuerst Schreinergehilfe, hörte in München und Köln volkswirtschaftliche Vorlesungen; 1899 Vors. des Christl. Holzarbeiterverbandes; 1919/29 I. Vors. des Gesamtverbandes der christl. Gewerkschaften und des Dtsch. Gewerkschaftsbundes; 1919/33 Mitglied des Reichstags (Zentrum); mehrfach preuß. und Reichsminister, 1919 auch preuß. Min.-Präs.; 1945 Reg.-Präs. von Unterfranken, 1929 Reichsverkehrsminister, 1930/32 Reichsarbeitsminister.

32 Freisehner, Karl, geb. 2. 6. 1903 in Gmünd i. Österreich, gest. 1967; gelernter Metzger, 2 Jahre Handelsschule, im elterlichen Sägewerk tätig, Vertreter, Fuhrunternehmer; nach Dollfuß-Putsch aus Österreich ausgewiesen, lebte danach in München als Generalvertreter für Schreib- und Nähmaschinen sowie als Export-Import-Kaufmann für Lebensmittel und Feinkost; Hauptfigur im Spielbanken-Prozeß, wurde berühmt durch Selbstanzeige wegen Meineids; erhielt Gefängnisstrafe und mildernde Umstände.

33 Rothärmel, Fridolin, Agrarpolitiker, Präs. des Bayerischen Bauernverbandes.
34 Schlögl, Alois, Dr., Landwirtschaftsminister, geb. in Pleinting bei
Vilshofen als Sohn eines Landwirts; studierte Rechts- und Staatswissenschaften; ab 1920 Journalist; seit 1925 Direktor des Nieder-
bayerischen Bauernvereins; als Mitglied der BVP 1932 im Bayer.
Landtag; Mitbegründer des Bayerischen Bauernverbandes 1945;
1948/50 Staatsminister für Ernährung, Landwirtschaft und Forsten.
35 Seidel, Hans, Dr., (CSU), geb. 12. Okt. 1901 in Schweichheim bei
Aschaffenburg; studierte Germanistik, Rechtswissenschaft und
Volkswirtschaftslehre; 1929/40 Rechtsanwalt; Mitgl. des Bayer.
Landtags 1946/50, 1947 Staatsminister für Wirtschaft, 1959/62
Ministerpräsident.
36 Ehard, Hans, Dr., (CSU), geb. 10. Nov. 1887 in Bamberg; Studium
der Rechtswissenschaft; seit 1919 im Bayer. Justizministerium; 1933
Senatspräsident am Oberlandgericht München; seit 1946 Mitgl. des
Landtags, dann Ministerpräsident; 1950 Präs. des Bundesrates.
37 Gembicki, Simon, Privatbankier, Spielbankenbewerber in den
Jahren 1954/55; sein Brief vom 16. Mai 1955 an Innenminister
Geislhöringer, den er im Durchschlag allen Kabinettsmitgliedern
zugehen ließ, kennzeichnet am deutlichsten den Konkurrenzkampf
der verschiedenen Bewerber um Spielbankenkonzessionen. Er wird
deshalb im vollen Wortlaut gebracht:

An den
Herrn Bayerischen Minister des Innern
Herrn Staatsminister Geislhöringer
München
Odeonsplatz

Hochverehrter Herr Staatsminister!
Vielleicht darf ich als bekannt voraussetzen, daß ich zu den aus-
sichtsreicheren Bewerbern um die Spielbankkonzession in Bad Kissingen gehöre, insoweit dies von der Gemeinde Bad Kissingen mit-
zubestimmen ist. Jedenfalls scheint eine Anzahl meiner Konkurrenten dieser Auffassung zu sein. Denn ich werde seit Wochen und
Monaten von Interessentengruppen, die ich Ihnen auf Wunsch
namhaft machen werde, gedrängt, sie bei einer Konzessionserteilung
an dem Unternehmen zu beteiligen.

Bisher habe ich es konsequent abgelehnt, derartige Verpflichtungen einzugehen, weil ich

1. zu wissen glaube, daß Sie allen derartigen Vorverträgen sehr kritisch gegenüberstehen,

2. für ausgeschlossen halte, daß die in Betracht kommenden Personen mit Rücksicht auf ihre Vorstrafen bzw. ihren Leumund als Mitunternehmer einer staatlich konzessionierten Spielbank genehmigt werden und

3. es mit meinem guten Ruf nicht vereinbaren kann, mit Leuten dieser Art gemeinsam in einem Unternehmen zu sein.

Je schlechter die Aussichten dieser Konkurrenten auch nach deren eigener Auffassung wurden, umso bedenklicher wurden die Mittel, mit denen sie gegen mich und schließlich auch gegen die in Betracht kommenden staatlichen und städtischen Stellen vorzugehen versuchten. Im Rahmen dieser Angriffe gegen mich hat man allerdings die Torheit begangen, an mich ein Schreiben mit erpresserischem Inhalt zu richten und mir weitere erpresserische Forderungen durch einen Dritten mündlich vortragen zu lassen. Ich habe daraufhin – siehe anliegende Abschrift – bei der Staatsanwaltschaft in München Anzeige wegen Erpressung und anderer Delikte erstattet.

Schon vor Wochen hat sich die zentrale Person in diesem Spiel, Herr Leo Harwardt, gerühmt, er verfüge über Schriftleiter, die sofort schreiben würden, was er von ihnen verlange. Die von ihm lancierten Presseartikel würden allerdings zu einem Zeitpunkt kommen, wo mir dies besonders unangenehm wäre.

Diese Voraussage des Herrn Harwardt ist genau eingetroffen. Das »8-Uhr-Blatt« mit der mich diffamierenden Überschrift »SCHWERES GESCHÜTZ GEGEN BAYERNS REGIERUNG« kam genau an dem Nachmittag heraus, an welchem ich mich der Bad Kissinger Kommission des Stadtrates wegen meiner Bewerbung vorzustellen hatte.

Meine Gegner und Konkurrenten wissen genau, daß sie mir nie etwas ernsthaft Belastendes anhängen können. Sie hoffen aber, daß das zuständige Ministerium oder die Stadtverwaltung sich durch eine solche Pressekampagne in letzter Minute einschüchtern lassen und irgendwelche Untersuchungen anordnen, durch die ich zunächst ausgeschaltet werden soll. So hoffen sie selbst zum Zuge zu kommen oder einem anderen Konkurrenten zum Erfolge zu verhelfen, der sie beteiligen würde.

Ich füge im Original ein Schreiben des angesehenen Münchner Rechtsanwaltes, Dr. von Scanzoni, bei, der auch bereits vorher von den geplanten Angriffen dieser Konkurrenten erfahren hat. Ich darf um vertrauliche Behandlung dieses Schreibens bitten.

Am Donnerstag, den 12. Mai 1955 hat nach mir zugegangenen Mitteilungen (die ich mit entsprechendem Vorbehalt weitergebe) beim Bankhaus Lenz in München unter Vorsitz des Syndikus Dr. Thelen eine Besprechung stattgefunden, an der unter anderem der Spielbankbewerber Peter Karl Stahl (vorbestraft wegen unerlaubten Glücksspiels) teilgenommen hat. In dieser Besprechung wurde, meines Wissens von Herrn Stahl, angekündigt:

»Morgen wird Herr Gembicki geschlachtet und wenn es nötig ist, wird auch der Oberbürgermeister von Bad Kissingen mitgeschlachtet.«

Zeugen dieser Äußerung können benannt werden.

Die Hintergründe der Schlagzeilenmeldung im »8-Uhr-Blatt« und der mit meinen Dementis verbundenen heutigen neuen Angriffen dürften damit klar sein. Ihnen, Herr Staatsminister, brauche ich nicht darzulegen, daß die angeblichen dem »8-Uhr-Blatt« übergebenen »eidesstattlichen Versicherungen« ein wertloser Fetzen Papier sind. Da sie nicht einer Behörde gegenüber abgegeben sind, können diese erlogenen Angaben nicht einmal strafrechtlich wegen Eidesdelikt erfaßt werden.

Sie dienen ja auch offensichtlich nicht dem Erweis der Wahrheit, sondern der Ausschaltung eines aussichtsreichen Konkurrenten.

Eine besondere Note bekommt die Aktion des »8-Uhr-Blatt« durch die Tatsache, daß der Inhaber, Herr Dr. Willmy, identisch mit dem früheren Drucker oder Inhaber des berüchtigten »Stürmer« ist. Ich selbst entstamme einer angesehenen Hamburger Familie jüdischer Religion, wie allgemein bekannt ist. Ich habe den Eindruck, daß hier die alte Tendenz des »Stürmers« mit neuen Mitteln fortgesetzt wird.

Ich habe aber das feste Vertrauen, daß Sie, Herr Staatsminister, sich von diesen durchsichtigen Manövern und der dazu geleisteten Hilfestellung durch ein Presse-Erzeugnis, über dessen Rang ich nichts zu sagen brauche, nicht werden beeindrucken lassen. Ich hoffe also zuversichtlich, daß für Ihre Entscheidung nur die sicher von Ihrem Ministerium eingeholten amtlichen Auskünfte über mich maßgebend sein werden, nicht etwa irgendwelche Verleumdungen interessierter, wegen Erpressung angezeigter Personen, die im

Interesse dritter Bewerber nur Zeit gewinnen wollen, – wenn es sich nicht überhaupt um einen Racheakt handelt.

38 Hoegner, Wilhelm, Dr. jur., (SPD), geb. 23. Sept. 1887 in München; Staatsanwalt, Landgerichtsrat; 1924 i. Bayer. Landtag; 1930 im Deutschen Reichstag; 1945 Senatspräsident am Oberlandesgericht München; 1945/46 bayer. Ministerpräsident, danach Justizminister und 1956/59 Ministerpräsident der Viererkoalition, 1946 Honorarprofessor an der Universität München.

39 Hanauer, Rudolf, (CSU), geb. 4. März 1908 in Mellrichstadt/Ufr.; Studium der Rechts- und Staatswissenschaften; seit 1935 Rechtsanwalt in München; 1946 Gründungsmitglied der CSU im Kreisverband Starnberg; seit 1948 Mitglied des bayer. Landtags, derzeit Landtagspräsident.

40 Roßhaupter, Albert, geb. 1878, gest. 1949; verdienstvoller bayer. Sozialpolitiker; Staatsminister für Arbeit und soziale Fürsorge.

41 Erhard, Ludwig (CDU), geb. 1897; 1945/46 bayer. Wirtschaftsminister; 1948 Direktor für Wirtschaft in der Bizone; Verfechter einer sozialen Marktpolitik; seit 1949 Bundeswirtschaftsminister, 1963/66 dt. Bundeskanzler.

42 Clay, Lucius, amerikan. General, geb. 1897; 1947 Militärgouverneur der US-Zone.

43 Lallinger, Ludwig, geb. 30. Sept. 1908 zu Reißing bei Straubing; Besuch der Polizeischule; 6 Semester Verwaltungsakademie; Übertritt in die Kriminalpolizei; Mitbegründer der Bayernpartei 1946; langjähriges Mitglied des Bayerischen Landtags.

44 Beck, Ludwig von, Generaloberst, geb. 1880, gest. 1944; im 1. Weltkrieg Generalstabsoffizier, 1935 Chef des Generalstabes d. Heeres, nahm 1938 in der Sudetenkrise seinen Abschied; gehörte 1944 an maßgebender Stelle zu den Teilnehmern am Aufstand des 20. Juli; nahm sich bei seinem Scheitern das Leben.

45 Rupprecht, Kronprinz von Bayern, geb. 1869, gest. 1955; Heerführer im 1. Weltkrieg; übernahm 1921 die Thronansprüche seines Vaters Ludwig III.

46 Doeberl Michael, geb. 1861 in Waldsassen (Oberpfalz), gest. 1928; bayer. Historiker; Gymnasialprofessor und Lehrer am kgl. Kadettenkorps; Honorarprofessor, zuletzt o. Univ.-Professor in München.

47 Rastelli, weltberühmter Jongleur.

48 Geislhöringer, August, Dr. (BP), geb. 22. August 1886 in München; Studium der Rechts- und Volkswirtschaft; seit 1913 in der bayer.

Staatsfinanzverwaltung; 1915 Niederlassung als Rechtsanwalt in Nürnberg; 1950 in den Bayerischen Landtag gewählt; 1954/59 Staatsminister des Innern.

49 Zimmermann, Friedrich, geb. 1926; früher Generalsekretär der CSU; M.d.B., Vorsitzender des Verteidigungs-Ausschusses des dt. Bundestags; Rechtsanwalt in München.

50 Hirsch, Martin (SPD), geb. 6. Jan. 1913 in Breslau; Studium der Rechtswissenschaften; seit 1945 Rechtsanwalt in Marktredwitz; Landtagsabgeordneter.

51 Lippert, Franz (CSU), geb. 12. April 1900 in München; wurde Rechtsanwalt und Verwaltungsbeamter (in allen Instanzen einschließlich Ministerium); im Landtag gehörte Dr. Lippert dem Haushaltausschuß sowie als stellv. Vorsitzender dem sozialpolitischen Ausschuß an; war auch Mitglied des Ältestenrats.

52 Knoeringen, Waldemar Freiherr von (SPD), geb. 6. Okt. 1906 in Rechetsberg; 1926 Mitglied der SPD; leitender Funktionär der Sozialistischen Arbeiterjugend Münchens; Leiter der illegalen Auslandsstelle der SPD für Bayern, 1933 in Österreich, 1934 in der CSR, 1938 in Frankreich, 1939 in England als Leiter der unabhängigen sozialistischen Sendestation »Europäische Revolution«; ab 1942 Zusammenfassung von antifaschistischen Kriegsgefangenen in besonderen Lagern in England, Nordafrika und Italien; 1946 Rückkehr nach Deutschland; Mitgl. der Verfassunggebenden Landesversammlung, des 1. u. 2. Bayerischen Landtags, seit 1947 Landesvorsitzender der SPD, 1949 Bundestagsabgeordneter.

53 Eberhard, Rudolf (CSU), geb. 1. Nov. 1914 in Nürnberg; Studium der Rechts- und Staatswissenschaften; 1946 Amtsvorstand, seit 1947 Landrat des Landkreises Ebermannstadt; seit 1950 Mitgl. des Bayerischen Landtags; Finanzminister.

54 Schedl, Otto, Dr., geb. 10. Dez. 1912 in Sinzing bei Regensburg; Studium der Philosophie, Literatur und Kunstgeschichte; Aufbau der CSU in Regensburg und Oberpfalz-Niederbayern; Mitgl. des Bayerischen Landtags seit 1950; bayer. Wirtschaftsminister.

Ballade des Helden aus Sulzemoos
WORT UND WEISE VON G. LOHMEIER

Zu   Sul-ze-moos im   Friedhof   da
Er   war einst ein Mi - ni - ster   be-
Weiß - blau, das war sein Fähnlein, treu

Liegt ein stilles Grab,   Baumgartner Josef
Liebt und stark im Land,   die Bauern u. auch
bay'risch sein Pa- nier,   Ge- mütlich-keit sein

ru- het hier wohl bis zum Jüngsten
Stä - - - ater drück-ten ihm gern die
De - - - gen, sein Trunk ein bay'-risch

Tag,   Baumgartner Jo-sef   ru-het hier wohl
Hand,   die   Bauern u. auch Stä - ater drück-
Bier,   Ge - mütlich-keit sein De - - gen, sein

bis   zum Jüngsten   Tag.
ten   ihm gern die   Hand.
Trunk ein bay'- risch Bier.

Die Ballade des Helden aus Sulzemoos

Zu Sulzemoos im Friedhof
Da liegt ein stilles Grab,
| : Baumgartner Joseph ruhet hier
Wohl bis zum jüngsten Tag : |

Er war einst ein Minister,
Beliebt und stark im Land,
| : Die Bauern und auch Städter
Drückten ihm gern die Hand : |

Gerettet vor dem Hungertod
Hat er Millionen Leut
| : In allerschwerster Nachkriegszeit.
Vergessen ist es heut : |

Weiß-blau, das war sein Fähnlein,
Treu bayerisch sein Panier,
| : Gemütlichkeit sein Degen.
Sein Trunk ein bayerisch Bier : |

Ein souveränes Bayern
Mit stolzem Königshaus,
| : Neutral, brav europäisch,
Das macht sein Programm aus : |

Doch leider gab es Neider
Von schwarz-weiß-roter Fahn,
| : Die denken nie an Bayern:
Deutschland, das ist ihr Wahn : |

Im Jahr anno 54
Baumgartner ist der Mann!
| : Regiert jetzt mit den Sozi,
Weil er nicht anders kann : |

Demokratisch heißt d'Regierung:
Rot-bayrisch-liberal.
| : Den Christlichsozialen
War dieses nicht egal : |

Sie schimpfen auf den Pepperl
Ganz fürchterlich und laut
| : Aus der Zeitung, von der Kanzel,
Er ghöret nix wia ghaut : |

Und weil man z'Dachau allweil
Schon gern schaffkopft, tarockt,
| : Er mit an etli Spielbankn
Vuil Geld ins Landl lockt : |

An jeder will a Konzession:
Gembicki und Freisehner . . .
| : Doch Minister Geislhöringer
Gibts keinem falschen Zehner : |

Da schreit die Opposition:
Schlawiner, brenna tuats!
| : Der Pepperl hätt' a Schmiergeld kriagt,
Ja, dös bedeut nix Guats : |

An Untersuchung werd angsetzt
Im hohen Parlament.
| : Hanauer und Hundhammer
Habn d'Schwurkerzn ankennt : |

Baumgartner aber hat koa Geld
Vom Freisehner net kriagt
| : Und aa vom Herrn Gembicki net,
Iatz sagn sie, daß er lüagt : |

An Meineid hätt' er gschworen, schreins,
Echt bayerisch mit zwoa Händ!
| : Mitm Blitzableiter hint hinaus
Wie mans in Bayern kennt : |

Ob er den Herrn Freisehner
Persönlich auch gekannt?
| : Das wollt Hanauer wissen,
Aufs Urteil ist man gspannt : |

Die Spielbankenbewerber
Warn freili oft bei mir,
| : Doch hab ich sie gleich weitergschickt
Zum Geislhöringer : |

Das war die Antwort seinerzeit
Und sie war nicht präzis.
| : Da sagt der Richter Wonhas drauf
Ein Meineid ist es gwiß : |

Das Urteil ist beschlossen,
Ein Meineid muß es werdn!
| : Und hat er auch kein Geld net kriagt,
Er derf doch net falsch schwörn! : |

Falsch schwörn im hohen Parlament
Als bayrischer Minister!
| : Und wars auch a Lappalie,
Kein Ehrenmann mehr ist er : |

Fünf Richter, die tun ihre Pflicht
Und keiner ist gerührt,
| : Sie rechnen zwoa Jahr Zuchthaus aus,
Baumgartner wird abgeführt : |

Die Handschelln werdn ihm angelegt,
Dann wird er transportiert
| : Im Zaiserlwagn nach Stadelheim,
Ganz gschwind, es hat pressiert : |

Da sitzt er nun im Zellenbau
Der Held aus Sulzemoos.
| : Minister war er gestern noch
Heut Zuchthäusler mehr bloß : |

Sein Landsmann war der Kneißl Hias,
Den habns in Augsburg köpft.
| : Eahm habn die Richter fertig gmacht
Und bis zum Tod erschöpft : |

Sein Herz tuat weh, is nix mehr wert,
Er muaß dem Toud verfalln!
| : Bluatdruck hat er zwoahundertsechzg,
Die Füaß san bös angschwoilln : |

Verworfen wird die Revision,
Der Schuldspruch bleibt bestehn,
| : Eahm laßns' hoam im letzten Akt
Zum höchsten Richter gehn : |

Zu Sulzemoos im Friedhof
Stehn tausend Träuergäst
| : Mit Fahnen, Kränzen, Tränen
In Bayerntreue fest : |

Ach, liabe Muattergottes,
Du bayerische Schutzfrau,
| : Führ unsern Held aus Sulzemoos
In' Himmi weiß und blau! : |

»Das Barlamend«, Terrakotta von Raimund Jäger, 1905/06. *Die Dargestellten sind bis auf den linken oberen Flügelmann, Joseph Filser, historisch. Es folgen von links oben: Lutz (Liberal), Hilsenberger (Bauernverein); von Vollmar (SPD), Casselmann (Liberal); Schädler (Zentrum), Orterer (Zentrum), Pichler (Zentrum); Heim (Zentrum), von Daller (Zentrum). (Foto: Archiv Lohmeier)*

Vorhergehende Seite:
Oben links: Zögling am Benediktiner-Gymnasium Scheyern, 1919/20
Oben rechts: Absolvia 1925 in Freising
Unten links: Dr. oec. publ. und Bauernvereinssekretär, 1929/30
Unten rechts: Die Mutter Dr. Baumgartners an ihrem 80. Geburtstag,
1952. (Alle Fotos in Privatbesitz)

Pressekonferenz im Landwirtschaftsministerium am 12. Februar 1947.
(Foto: Archiv Lohmeier)

Ministerpräsident Hoegner überreicht Professor Baumgartner am 23. Februar 1957 für seine Verdienste vor 1933 im Christlichen Bauernverein und seit 1945 um die Lebensmittelversorgung das Große Bundesverdienstkreuz mit Stern und Schulterband. (Foto: Bildarchiv SZ)

Von 1945 bis zum Ende seiner politischen Laufbahn galt Baumgartner als der populärste Redner Bayerns. (Foto: Bildarchiv SZ)

*Nach der Urteilsverkündung im Spielbankenprozeß wurden Baum-
gartner und Michel im Gerichtssaal verhaftet und von Polizeibeamten
abgeführt (8. August 1959). (Foto: Deutsche Presseagentur)*

*Linke Seite oben: Die Angeklagten des Spielbankenprozesses, v. l. n. r.:
Freisehner, Klotz, Baumgartner, Geislhöringer, Michel; Baumgartner
spricht das letzte Wort (5. August 1959). (Foto: Bildarchiv SZ)*

*Linke Seite unten: Zeugen des Spielbankenprozesses, v. l. n. r.: Hirsch,
Zdralek, Hanauer; rechts Geislhöringer. (Foto: Bildarchiv SZ)*

Beerdigung Baumgartners in Sulzemoos. Durch das Mißgeschick eines Totengräbers stürzte der Sarg mit dem Kopf nach unten in das Grab. (Foto: Bildarchiv SZ)